NICOLÁS PANOTTO

FE QUE SE HACE PÚBLICA

Reflexiones sobre Religión, Cultura, Sociedad e Incidencia

JUANUNO1
EDICIONES

FE QUE SE HACE PÚBLICA

Reflexiones sobre Religión, Cultura, Sociedad e Incidencia

de Nicolás Panotto. 2019, JUANUNO1 Ediciones.

ALL RIGHTS RESERVED. | TODOS LOS DERECHOS RESERVADOS.

Published in the United State by JUANUNO1 Ediciones,

an imprint of the JuanUno1 Publishing House LLC.

Publicado en los Estados Unidos por JUANUNO1 Ediciones,

un sello editorial de JuanUno1 Publishing House LLC.

www.juanuno1.com

JUANUNO1 EDICIONES, logos and its open books colophon,
are registered trademarks of JuanUno1 Publishing House LLC.
JUANUNO1 EDICIONES, los logotipos y las terminaciones de los libros,
son marcas registradas de JuanUno1 Publishing House LLC.

REL084000 RELIGION / Religion, Politics & State

POL032000 POLITICAL SCIENCE / Essays

REL067000 RELIGION / Christian Theology / General

Paperback ISBN 978-1-951539-09-2

Ebook ISBN 978-1-951539-10-8

Diagramación Interior: Ma. Gabriela Centurión

Diseño de Portada: ZONA21.net

Director de Publicaciones JUANUNO1 Ediciones: Hernán Dalbes

First Edition | Primera Edición

Hialeah, FL. USA.

-2019-

NICOLÁS PANOTTO

FE QUE SE HACE PÚBLICA

JUANUNO1 EDICIONES

A Verónica,
mi compañera de vida, de lucha
y de aprendizajes.

CONTENIDO

PRÓLOGO

"¿De qué sirven nuestros pensamientos, la mano, la pluma y el papel si con ellos no defendemos a los que desaparecen, a los oprimidos, a los que luchan, a los torturados?"

Elena Poniatowska

Fe que se hace pública: Reflexiones sobre religión, cultura, sociedad e incidencia, del colega y amigo Nicolás Panotto, es un aporte en extremo valioso a los intensos pero fragmentados debates que acontecen a lo largo y ancho de América Latina sobre religiosidad, democracia, política, equidad y derechos humanos.

El apoyo de sectores religiosos muy conservadores fue determinante para el inesperado triunfo de Jair Messias Bolsonaro en las elecciones brasileñas. Igualmente para el rechazo del parlamento argentino a modificar sustancialmente la obsoleta legislación que limita los derechos reproductivos de la mujer. También fue crucial en el rechazo inicial de los colombianos al acuerdo de paz entre su gobierno y las Fuerzas Armadas Revolucionarias de Colombia (FARC). Incluso Andrés Manuel López Obrador consideró indispensable para su triunfo en los pasados comicios electorales mexicanos sus acuerdos con un sector religioso conservador.

La virtud de este libro de Nicolás Panotto es que se enfrenta a este álgido asunto, pero sin limitarlo al ámbito de lo exclusivamente político. Enfoca también la importancia de una conversación seria y profunda sobre la diversidad propia de la fe y la cultura. No ha habido, no hay y nunca habrá una concepción uniforme y rígida, exclusiva y excluyente, de la religiosidad como fe, interpretación conceptual, ética o estilo de vida. Esta diversidad, temida por sectores sociales y religiosos inflexibles y monolíticos, es lo que permite el surgimiento de comunidades nacionales dialógicas y defensoras de la rica variedad de derechos humanos.

Este libro contiene una gama impresionante de breves pero pertinentes y agudos ensayos sobre múltiples debates latinoamericanos que atañen a la religiosidad, la cultura y la política. Controversias que han sacudido a Argentina, Brasil, Chile, Bolivia, Costa Rica, México, Colombia son analizadas por Panotto en una conjunción poco usual de concisión y profundidad teórica y teológica.

Critica Panotto la excluyente rigidez de algunos sectores religiosos conservadores e intransigentes (utilizando con apropiada cautela el término fundamentalistas), pero también censura aquellos que pretenden excluir a las comunidades religiosas de los debates públicos a partir de un rígido y obsoleto secularismo.

A quienes están conscientes de la importancia de estos debates para el desarrollo de una sociedad plural y respetuosa de las diversidades políticas, culturales y religiosas que prevalecen en lo que José Martí catalogó como Nuestra América, recomiendo la lectura cuidadosa y profunda de este excelente e indispensable libro.

"¡Son como siempre los humildes, los descalzos, los desamparados, los pescadores, los que se juntan frente a la iniquidad hombro a hombro, y echan a volar, con sus alas de plata encendidas, el Evangelio!"

José Martí

Luis N. Rivera Pagán

Profesor emérito

Seminario Teológico de Princeton

INTRODUCCIÓN

Suele pasar que los procesos dentro del campo religioso se mueven mucho más rápido de lo que las categorías analíticas y las elucubraciones teóricas logran discernir. Más aún cuando hablamos de la relación entre fe y política. Mientras pastores y teólogos/as aún discuten sobre si la iglesia debería involucrarse o no en el campo político, o cuestionan el ascetismo que ha caracterizado a algunos discursos teológicos en el pasado, muchas iglesias y grupos religiosos van varios pasos más adelante, habiendo superado su apatía política –a su manera, muchas veces sin ver la necesidad de profundizar en fundamentos bíblico-teológicos o lecturas críticas de la realidad–, posicionándose en la vanguardia de debates públicos, con un nivel sorprendente de organización, profesionalización y movilización.

Quienes quedan aún más desorientados son sectores no religiosos –desde el campo académico hasta el comunicacional y el propiamente político– que miran con sorpresa y hasta cierto espasmo el avance de discursos religiosos en el espacio público. Al ver sus opiniones frente a este fenómeno, podemos fácilmente darnos cuenta del origen de tal desconcierto: un gran desconocimiento del campo religioso y la evidencia de grandes prejuicios. Lo religioso se sigue percibiendo como un dominio de la vida privada, como una instancia totalmente alejada de la realidad social, sostenido en una profunda ignorancia del vasto y plural mundo religioso, con todas sus complejidades, tensiones y diversidad internas.

En resumen, podemos ver que en el contexto actual se produce una tensión entre dos grandes factores. Por un lado, una creciente presencia religiosa –especialmente cristiana– en el espacio público, la cual es muchas veces cuestionada en varios niveles, especialmente en dos áreas: la circunscripción de su militancia en la defensa de una agenda moral particular (la cual pretende imponerse como absoluta para toda la sociedad) y ciertas ineficiencias en términos del respeto a las reglas del juego democrático. Por otro lado, también vemos una incapacidad por parte de sectores políticos y organizaciones de sociedad civil sobre cómo vincularse con discursos y comunidades religiosas, cayendo, muchas veces, en prácticas discriminatorias y, sobre todo, en una falta de reconocimiento de la incidencia social de lo religioso.

Frente a este escenario, un análisis de la relación entre fe, religiones y política comprende una empresa sumamente vasta y compleja. Hay mucho trabajo qué hacer hacia dentro de los propios grupos religiosos, especialmente en términos de formación política y reflexión teológica. El desafío no es la búsqueda de un posicionamiento particular (ya que el campo religioso es hondamente plural con respecto a sus matices socio-políticos), sino en cómo se entiende la incidencia dentro de un ambiente democrático, donde hay reglas de diálogo y convivencia a respetar, además de la necesidad de saber moverse en un espacio donde impera la diversidad y la pluralidad. Por su parte, también se requiere de un proceso de sensibilización y capacitación de actores políticos y de sociedad civil con respecto a concepciones más críticas y desarrolladas sobre el campo religioso y otros temas aledaños, como son las teorías de secularización, libertad religiosa, laicidad, entre otros, con el propósito de crear puentes más eficaces entre estos universos.

Al final (y al principio), el objetivo que nos convoca es construir un espacio fuertemente democrático, donde cada parte que compone una sociedad aporte y enriquezca, desde su particularidad, a la convivencia entre distintos. Por ello, nos preguntamos: ¿cómo entran las religiones en este escenario? ¿Están aportando a la construcción de instancias de respeto y trabajo conjunto por el bien común, o se mueven a partir de la imposición de agendas particulares? Por otra parte, ¿existe una visión receptiva de la sociedad respecto a las voces religiosas, o siguen clausurando su aporte a la vida privada, a las instituciones eclesiales y a los intereses individuales?

Este libro pretende ser un pequeño aporte para ampliar la discusión sobre estos temas y ofrecer herramientas de lectura e incidencia. Como el/la lector/a podrá ver, esta obra se compone de un conjunto de ensayos que no son estrictamente "académicos", al menos en el sentido tradicional del término, sino más bien recopila una serie de escritos cuyo objetivo es más bien sensibilizar y provocar inquietudes desde la opinión hacia un público amplio. Son escritos que han circulado en medios de comunicación, blogs, columnas de opinión y, en algunos casos, fueron presentaciones en conferencias o talleres. Los receptores de estos escritos y reflexiones han sido muy vastos: iglesias, teólogos/as, coordinadores/as de organizaciones de sociedad civil, grupos políticos, estudiantes en diversas disciplinas, entre otros.

Los textos mantienen su configuración temporal y discursiva original. Es decir, remiten a hechos históricos concretos y variados, muchos de los cuales han sucedido años atrás, pero que aún mantienen su vigencia al contribuir con herramientas para discernir nuestros tiempos. Además, se mencionan casos desde distintos contextos y momentos, sean países, encuentros políticos y espacios de deliberación multilateral. También se mantienen las diferencias de formato, donde muchas veces se habla en primera persona, otras veces se describen hechos. Dicha diversidad pretende mantener el tono y el ambiente en que los escritos fueron desarrollados, para dar cuenta de los escenarios en que estas problemáticas fueron tratadas. Algunos textos son salidos de las tripas que producen la urgencia de ciertas coyunturas, mientras otros pretenden tratar de forma minuciosa ciertos factores que las pretensiones particulares intentan pasar por encima en favor de los reduccionismos funcionales sobre agendas propias.

El libro se divide en cuatro grandes secciones. Una primera, que compila escritos de corte más político, y que surgen no sólo del análisis de la actuación pública de lo religioso, sino de experiencias concretas que he tenido, como académico y activista, en diversos espacios, sea trabajando junto con comunidades religiosas como en espacios de diálogo político, entre organizaciones de sociedad civil o en el sistema interamericano. La segunda parte se focaliza en el estudio de uno de los agentes religiosos que está cobrando cada vez más relevancia: el campo evangélico. Se discutirán las formas en que estas iglesias se han hecho visibles, así como las retóricas y agendas a las que responden. La tercera sección, Coyunturas, compila una serie de ensayos de análisis sobre hechos y contextos muy diversos, sucedidos en su mayoría durante los últimos diez años, los cuales nos mostrarán que aún hay mucho camino por andar en términos de la comprensión del lugar socio-político de lo religioso. Por último, culminaremos con un conjunto de reflexiones teológicas sobre temáticas políticas puntuales, que servirán, principalmente, de disparadores para creyentes, iglesias y espacios de reflexión teológica.

Finalmente, me gustaría que el/la lector/a sepa desde dónde hablo como autor. Soy creyente evangélico, miembro de una familia de varias generaciones en dicha iglesia, que estudió teología en distintas instituciones a raíz de una preocupación que aún se mantiene latente en mi persona: ¿qué tiene para aportar el estudio de Dios y de la fe a nuestras sociedades, especialmente el rol del creyente y de las comunidades religiosas por el bien común? Esto me llevó, en el ámbito académico, a adentrarme posteriormente en las ciencias sociales, con el propósito de adquirir herramientas que me permitan complejizar mis maneras de leer las muchas veces reducidas formas de discernir el actual lugar social de las religiones. He trabajado por varios años en instancias de formación de iglesias, seminarios teológicos, y también en espacios políticos de diálogo interreligioso. Pero mi experiencia más significativa fue la fundación del Grupo de Estudios Multidisciplinarios sobre Religión e Incidencia Pública (GEMRIP), una organización que cuenta con casi 10 años de existencia y que trabaja, actualmente, con organizaciones de sociedad civil en varios países de América Latina, en instancias de formación y articulación, a partir del debate sobre la actuación política de grupos religiosos. La experiencia en GEMRIP me ha permitido conocer muy de cerca las dinámicas de estos espacios en distintas realidades, sean nacionales como regionales, inclusive a través de la participación activa en espacios como la Organización de Estados Americano (OEA) y la Comisión Interamericana por los Derechos Humanos (CIDH)

En resumen, este libro es el resultado de un muy variado conjunto de reflexiones sobre experiencias que intentan cruzar –con las tensiones inherentes que conlleva– las dimensiones de la fe, el activismo político y el compromiso por el bien común desde una mirada democrática y los derechos humanos. Si algo es fundamental –y es lo que aquí intentaremos plasmar– es que la inseparable dimensión pública de la fe requiere de un camino de mucha formación, de acogida a la diversidad, de apertura al otro/a y, sobre todo, del compromiso por el bien común. Es mi deseo que estos textos inspiren al lector/a, sea cual fuere su manera de ver la realidad, su ideología y su militancia, a que apostemos siempre a la convivencia pacífica y la lucha por los derechos de los sectores más postergados y desprotegidos, tal como nos inspira el testimonio de Jesús, en su caminar atento, comprometido y siempre abierto al clamor del prójimo.

Nicolás Panotto

Santiago de Chile, 5 de agosto, 2019

LO RELIGIOSO EN EL ESPACIO PÚBLICO

LA POLÍTICA DE LO RELIGIOSO: TENSIONES, RESIGNIFICACIONES Y POSIBILIDADES

Cuando analizamos el lugar que tienen las religiones en el espacio público o los procesos políticos latinoamericanos, su presencia es más que evidente aunque sus dinámicas distan de ser uniformes. Por el contrario, son sumamente complejas y ambiguas, precisamente porque las identidades religiosas son todo menos homogéneas. El elemento religioso siempre formó parte de los procesos sociales, la construcción de imaginarios culturales y el sostenimiento de cosmovisiones políticas en nuestro continente.

Si hacemos un mapeo general sobre este campo en América Latina, hay varios elementos a resaltar. Primero, la historia de las naciones latinoamericanas se funge en una matriz cristiana –más concretamente católico-romana–, que permea en todos los aspectos de la vida social. Más allá de que en los países se esgrime la existencia de Estados laicos, en la mayoría de los casos se sigue sosteniendo económicamente a la curia y se remite a las autoridades eclesiales ante cualquier situación de conflicto social o para el tratamiento de temáticas sensibles a nivel político. Inclusive en países como Argentina, que en los últimos años ha confrontado grandes debates públicos para encarar agendas sobre derechos e inclusividad, la iglesia católica ha mantenido su estatus de refugio moral, hecho que ha impedido la profundización de otros proyectos y la atención a distintas demandas, como por ejemplo la despenalización y legalización del aborto.

En otros términos, muchos elementos presentes en las cosmovisiones socio-culturales y políticas del continente responden a esta matriz cristiana-católico-céntrica, como lo vemos representado, por ejemplo, en ciertas concepciones antropológicas ligadas a la corporalidad y la sexualidad, el lugar de la familia tradicional como significante social primario, la concepción del poder, los procesos de racialización y las visiones neo-coloniales que aún persisten en nuestras sociedades. La iglesia católica sigue siendo un agente con gran determinación y presión para encauzar agendas públicas, y una salvaguarda moral frente a situaciones de crisis (por ejemplo, varias estadísticas muestran que la población ubica a la iglesia católica como el agente de mayor confianza, frente a otros como gobiernos, partidos, personajes políticos, etc.)

Un actor que poco a poco ha ido cobrando una creciente relevancia son las iglesias evangélicas. Desde la década de los '80 su presencia geográfica ha crecido en la mayoría de los países, al punto de transformarse en la primera minoría en toda América Latina. Este crecimiento vino de la mano de la capacidad de varias de estas expresiones en adentrarse y trabajar en espacios populares, y obtener un rol que ni el Estado ni la iglesia católica pudieron conseguir, además de responder, desde su cosmovisión y práctica particulares, a varias demandas, hibridaciones y sincretismos presentes en los heterogéneos espacios populares de la región, sea en términos socio-culturales como propiamente religiosos.

Las iglesias evangélicas pasaron de ser agentes periféricos a actores de gran notabilidad social. Una primera instancia de incidencia tuvo que ver con la organización de multitudinarias marchas, con diversos lemas: "bendecir" las ciudades y autoridades, reclamar por leyes de igualdad religiosa u oponerse a proyectos de ley, generalmente vinculados con la "defensa de valores". Pero vale recalcar que actualmente la dinámica de movilización ha mutado hacia un fuerte lobby político, donde se evidencian procesos de institucionalización, organización y financiación que hacen a parte de este sector, un agente social con profundo arraigamiento en los procesos formales de la clase y burocracia políticas. A todo esto, hay que sumar algo que la teología fundamentalista o la tradición cristiana nunca hubieran creído posible: que los evangélicos y católicos trabajen juntos. Esto lo llamo *ecumenismo de ofensiva moral*: es decir, el trabajo unido entre ambas expresiones religiosas para articular esfuerzos de oposición a leyes en torno a derechos sexuales, diversidad, inclusividad, aborto, etc.

Un tercer elemento a resaltar de este contexto es cómo se evidencia la realidad y visibilidad de la diversidad religiosa de nuestra región. Como sabemos, existe una gran pluralidad de expresiones religiosas, comenzando por nuestros pueblos indígenas hasta grandes comunidades de musulmanes y judíos, y una riquísima variedad de grupos de matriz africana, religiosidades populares, grupos budistas, entre muchos otros. Pero al mismo tiempo, prevalece una tendencia tanto social como mediática y política de estigmatizar expresiones religiosas que no responden a los cánones de las identidades monopólicas, es decir, a las cristianas. Más allá de que en estos últimos diez años se han creado secretarías e instancias ministeriales para atender a la diversidad religiosa en cada país (como la ONAR en Chile, la Mesa de Diversidad de Creencias y Religiones en Argentina, entre otros), aún se carece de un abordaje del fenómeno religioso que se atreva a ir más allá de los parámetros institucionales, fenomenológicos y hasta teológicos que impone el cristianismo (como pueden ser el uso de un texto sagrado, un tipo de desarrollo dogmático, una manera de institucionalizar la comunidad, como marcos para "validar" lo "religioso" de un grupo)

El último elemento a mencionar es la gran masa de comunidades y organizaciones religiosas heterodoxas que se diferencian de los cuerpos monopólicos y que presentan teologías, discursos y prácticas críticas y comprometidas con los derechos humanos. Podemos ver que en todos estos tipos de emprendimiento en diversos países del continente, siempre encontramos algún actor religioso (sea una iglesia o una institución) En proyectos por la memoria, acompañamiento de sectores postergados, inclusive en instancias pioneras de defensoría e inclusividad, hallamos personas, comunidades y organizaciones cuyo compromiso parte de una profunda convicción de fe y un desarrollo teológico no tradicional, como lo demuestran las teologías de la liberación, teologías feministas, teologías queer, entre muchas otras.

Como vemos, el escenario es sumamente paradójico. Podríamos decir, inclusive, que las propias instancias de polarización y conflicto que hoy día vemos en nuestras sociedades, también se reflejan en las tensiones ideológicas y teológicas dentro de los espacios religiosos. Por ello, podemos afirmar que las creencias religiosas tienen esa *capacidad mimética*, como dirían algunos pensadores poscoloniales, de ser tanto una herramienta funcional a las cosmovisiones monopólicas como también instancias que habilitan resistencia, articulación y acción liberadora. Una realidad que no es excluyente al campo religioso sino que involucra también a otros espacios o militancias.

Este panorama, entonces, nos presenta algunas preguntas: ¿cómo hacer para resistir de manera efectiva el trabajo sistemático de instituciones religiosas que militan mancomunadamente con otros agentes sociales y partidos, en el bloqueo de proyectos inclusivos y de promoción de derechos humanos? ¿Cómo articular procesos de trabajo conjunto con iglesias y organizaciones comprometidas con agendas democráticas? ¿No es acaso necesario replantear algunas de nuestras cosmovisiones con respecto a la relación entre religión y política, con el objetivo de promover nuevas formas de intervención?

Lo político de lo religioso

Como punto de partida para responder a este panorama, debemos considerar lo siguiente: *la construcción de acciones alternativas con respecto al rol público de las religiones (sea la posible articulación con movimientos sociales e instancias de lucha por los derechos humanos, como también la necesaria resistencia a proyectos que van contra de la promoción de dichas agendas), viene de la mano de una urgente y necesaria resignificación de la manera en que organismos de la sociedad civil y el propio Estado entiende el lugar político de lo religioso.* Esta resignificación tiene dos objetivos: por un lado, aprender nuevas concepciones que permitan incluir voces religiosas heterodoxas, y por otro, contar con herramientas para confrontar instancias en que actores religiosos asumen posiciones fundamentalistas.

El primer elemento a considerar es *el sentido público de lo religioso.* La división entre lo privado y lo público ha sido una distinción fundante para la cosmovisión política moderna. Y en este sentido, lo religioso se ha circunscripto al campo de lo privado –es decir, a la elección individual–, mientras lo público remite a la búsqueda de consensos en torno a "lo común", donde agentes socio-políticos asumen un lugar dominante. Ahora bien, más allá de la discusión que podamos tener con respecto a la relevancia de esta distinción (cosa que los movimientos feministas ya han cuestionado al afirmar "lo personal es también político"), esta restricción de lo religioso al campo privado no permite ver la foto completa sobre sus dinámicas. Más aún, José Casanova afirma que restringir lo religioso al ámbito de lo privado tiene por intención despolitizar el campo, para circunscribir "lo político" y "lo público" en otras esferas donde lo personal, lo subjetivo, lo corporal, lo afectivo, quedan de lado.[1]

Las opciones religiosas, como toda opción, son elecciones personales –con todas las complejidades subjetivas y estructurales que ello involucra–, pero eso no significa que sea un fenómeno privado. Son dos cosas distintas. Las religiones son fenómenos históricos y comunitarios, y su dimensión pública no remite sólo al tipo de acciones sociales que ejerza o su unión con otros agentes, sino desde su misma especificidad identitaria. Es decir que las estructuras jerárquicas, las mediaciones litúrgicas y los discursos teológicos, adquieren una dimensión socio-político desde su capacidad de crear imaginarios sociales.

Esto lleva al segundo elemento, que es *la concepción de estado laico en una sociedad secular*. Si decimos que las expresiones religiosas conllevan una intrínseca dimensión pública, ¿cuál debe ser la respuesta del Estado? Algunas respuestas sobre ello pueden llevar a reduccionismos sobre dicha relación. Por un lado, el sentido de secularización ha sido replanteado por el simple hecho de que, al contrario de lo que los profetas de la secularización determinaron sobre la paulatina desaparición de lo religioso en la medida del avance de la civilización y progreso modernos, lo que sucedió fue que las expresiones religiosas, por el contrario, se diversificaron y pluralizaron aun más. Por ello, hoy día se habla de *postsecularización* como el fenómeno que propone, no la desaparición sino la mutación de lo religioso a partir de un proceso de desinstitucionalización, que habilita expresiones e identificaciones que van más allá de las expresiones monopólicas e institucionalizadas.

Desde este escenario, también habría que analizar las concepciones *adjuntas* a la idea de Estado laico. Sabemos que esta definición proviene de la necesaria división entre iglesia y Estado (cosa que, como ya mencionamos, aún no se practica plenamente en nuestro continente), aunque ello no refleja necesariamente los posibles vínculos entre el Estado y lo religioso. Estado e Iglesia deben estar irremediablemente separadas,

---

1 José Casanova. *Genealogías de la secularización*. Barcelona: Anthropos, 2012.

en términos tanto institucionales como orgánicos y financieros. Pero la religión es un asunto público, por lo que el Estado debe prestar atención de alguna manera. Como dice Charles Taylor, la cuestión de la laicidad no tiene tanto que ver con la relación (o separación) entre Estado e Iglesia sino más bien con qué hace el Estado con la cuestión de la diversidad y el pluralismo. En América Latina, diversos países han creado secretarías de diversidad religiosa, en el intento de visibilizar la pluralidad de creencias presentes, lo que a su vez significa visibilizar una pluralidad de sujetos que forman parte de nuestras sociedades. Pero de todas maneras la matriz cristiana sigue siendo determinante para circunscribir dicho campo.

Por todo esto, en último lugar, podemos identificar *diversos tipos de relación entre las religiones y el espacio público*. Mencionemos tres posibles visiones. Una primera que podemos definir como *resistencia moral*, un paradigma que proviene ya desde el siglo XVII donde la iglesia se transformó en defensora de la familia como el núcleo moral puro de la sociedad y refugio de la "perversión" de las ciudades industrializadas nacientes. Esta cosmovisión ha quedado impresa hasta hoy en muchas expresiones cristianas en donde la defensa de la familia tradicional, la protección de la sexualidad, entre otros elementos, se transforman en banderas de acción política.

La segunda la definimos como *diálogo público racional*, donde se acepta que las expresiones religiosas formen parte de los debates públicos, pero sólo si lo hacen desde la "razón pública" que media la participación. Esto no se aplica sólo a los grupos religiosos sino a otros agentes, como los pueblos indígenas, cuya cosmovisión debe ser dejada de lado para dialogar desde los parámetros modernos y occidentales aceptados por la clase política como la forma objetivada de desarrollar un intercambio democrático. La pregunta sobre este asunto va en la misma línea de lo que ya se cuestiona a esta posición per se: ¿quién establece esa razón pública y sus mediaciones? ¿Puede ella acaso ser un elemento neutral? ¿Por qué no aceptar la alteridad de las expresiones identitarias, inclusive desde el uso de sus propios modos de construcción de sentido (lo que Boaventura de Souza Santos llamada "ecología de saberes")? Más aún, lo que convoque el diálogo, ¿debe ser una epistemología o discurso en común, o un compromiso ético en torno a las demandas que surjan del contexto?

La última forma de ver esta relación es el *diálogo crítico intercultural*, que por sobre todas las cosas parte de una concepción particular de lo público y lo político. Es decir, comprende lo público como la construcción de un espacio que convoca la pluralidad de identidades que la compone –dentro de ellas las religiosas– para formar parte de un proceso de búsqueda de consensos transitorios, inscritos en inevitables tensiones y conflictos. La dimensión política de esta dinámica tiene que ver precisamente con la puesta en evidencia de esas particularidades identitarias que se articulan alrededor de la atención de demandas. Aquí, las expresiones religiosas integran el espacio público aportando a procesos inclusivos y democráticos, entendiéndose como una voz más entre muchas otras, y enriqueciendo desde su especificidad a la diversidad constitutiva de la sociedad.

En resumen, estos replanteos nos proponen que:

- Es posible concebir a las religiones como agentes que aportan a la construcción y promoción de instancias democráticas e inclusivas desde su misma especificidad identitaria.

·27·

- Los posicionamientos laicistas (no laicistas) no dan cuenta de ciertas realidades presentes en nuestros pueblos, como lo son los procesos de diversificación e hibridación religiosa, y su aporte a la sociedad civil.

- Fomentar una política en clave de pluralismo religioso puede enriquecer las dinámicas de construcción democrática de la sociedad y el sentido de diversidad.

Propuestas para una relación entre religiones y sociedad civil

Estos planteos nos arrojan algunas preguntas sobre qué hacer desde la sociedad civil. A saber: ¿cómo potenciar esta dimensión política del campo religioso en clave democrática e inclusiva, y su articulación con agentes sociales? ¿Es posible que esta articulación sirva para crear un espacio de discusión y resistencia frente a otros proyectos religiosos que pretenden construir agendas anti-democráticas? ¿Acaso podríamos hablar de la necesidad de nuevas propuestas por parte del Estado y de acciones concretas para la promoción de una política del diálogo interreligioso?

¿Por qué la necesidad de estas resignificaciones? Primero, porque incluir a expresiones religiosas que caminan por una propuesta democrática, aporta a la promoción de una mayor diversidad dentro del espacio público. En segundo lugar, porque dicha articulación servirá como una estrategia para fortalecer y crear frentes de resistencia de cara a la avanzada de agendas fundamentalistas y conservadoras, donde inclusive algunas expresiones religiosas actúan como marcos simbólicos de legitimación de partidos políticos y organizaciones de militancia con agendas morales antidemocráticas.

De aquí, proponemos las siguientes posibles acciones. En primer lugar, *fomentar el diálogo y trabajo cooperativo con instancias religiosas heterodoxas.* Esto sirve, por un lado, a incluir espacios de acción e incidencia, como son iglesias y organizaciones religiosas que poseen llegada a sectores populares. Además, existen ciertos valores particulares a las expresiones religiosas que poseen una intrínseca relevancia socio-política. Podríamos mencionar, por ejemplo, el sentido de utopía sobre la historia, la noción de trascendencia como posibilidad de que las circunstancias pueden ser transformadas, o el propio concepto de espiritualidad, que conlleva en sí mismo una antropología que integra dimensiones existenciales, relacionales y contextuales. Cada uno de estos elementos pueden aportar a la propia mística de los movimientos sociales.

Pero otro de los puntos centrales es la inclusión de voces religiosas con el objetivo de desarrollar herramientas e instancias para contrarrestar la ofensiva de espacios conservadores y fundamentalistas, que precisamente sostienen sus acciones en discursos pseudo-religiosos y teológicos. En este sentido, *la manera más efectiva de contrarrestar dichas avanzadas es utilizar sus mismos marcos de sentido y discursivos, es decir, cosmovisiones religiosas y teológicas.* La denuncia sólo en términos de discriminación, aunque válidos, lo único que hace es fomentar el sentido de heroísmo y mesianismo presente en estos grupos (recordemos que su misión, supuestamente, proviene de Dios mismo).

Por todo esto, es estratégico elaborar marcos bíblico-teológicos y conocer los discursos particulares de estos sectores, con el objetivo de presentar en la misma mesa de debate, argumentos que cuestionen la raíz de sus presupuestos, comprendiendo que estos grupos no parten sólo de convicciones ideológico-políticas determinadas sino, por sobre todas las cosas, de preceptos teológicos, lo cual, muchas veces, hace que sus argumentos sean planteados ajenos a cualquier contingencia histórica e interpretativa. Por esta razón, para adentrarse al corazón del punto de partida de estos grupos hay que priorizar el conocimiento y deconstrucción de sus fundamentos teológicos.

La segunda propuesta es *promover proyectos de sensibilización sobre la diversidad y el diálogo interreligioso en el espacio público*. Esto debe inscribirse en marcos que reflejen la diversidad y pluralidad que componen nuestras sociedades, es decir, inscribir esta promoción desde un marco de derechos humanos. Por ejemplo, fomentar la inclusión de estos temas en materiales educativos, campañas de comunicación, paneles y conferencias de debate sobre temáticas sensibles para el campo religioso, entre otros. Esto, además, radicalizaría el debate y la construcción de un sentido sobre lo laico en el pleno sentido del término, ya que se rompería con la lógica dicotómica donde "lo religioso" o "lo eclesial" relacionado con el espacio público es representado sólo por la matriz cristiana, con todo lo que ello implica en términos de promoción de derechos.

Por último, *es fundamental que los propios movimientos sociales se capaciten en cosmovisiones críticas sobre lo religioso y en diversos marcos teológicos y confesionales que abogan por la inclusividad y los derechos humanos*. En este sentido, será sumamente enriquecedor para la sociedad civil conocer la pluralidad de expresiones religiosas y de creencias que componen nuestras sociedades, los tipos de identificación social que se construyen desde la fe, la diversidad de discursos teológicos que existen en torno a los derechos humanos, género, interculturalidad, en lugar de los pueblos indígenas, entre otros temas. Nuevamente, esto permitirá conocer a ese "otro" que puede ser un gran aliado/a de lucha, como también contar con herramientas para prácticas y lecturas críticas.

Para concluir, considerar las voces alternativas y heterodoxas dentro de expresiones religiosas y creencias, nutrirá un espacio de diálogo que incluye agentes sociales muy presentes en nuestras sociedades, pero también aportará a otros posibles modos de comprender la diversidad de identificaciones y construcción de discursos políticos.

Para concluir, recordemos que los procesos de posverdad en la actualidad están siendo efectivos no sólo por el uso de los medios de comunicación para promover idearios falaces sino también para articular realidades ya existentes en nuestros pueblos y en la diversidad de ciudadanos/as en nuestras sociedades, precisamente apelando a demandas, deseos, afectividades y cosmovisiones. Por eso, ¿acaso los procesos de construcción política a partir de la posverdad no implica también un llamado de atención a la sociedad civil y movimientos sociales sobre la necesidad de considerar otros elementos que se juegan en la construcción de identificaciones política, de dimensiones más bien subjetivas y afectivas, donde las perspectivas a veces racionales, militantes y pragmáticas presentes en voces críticas y progresistas latinoamericanas no alcanzan a discernir? Analizar la dimensión política de expresiones religiosas heterodoxas, en conjunto con otras voces no tradicionales en el campo político, podrían darnos algunas pistas hacia nuevos discernimientos sobre esta problemática.

LO RELIGIOSO Y LOS MOVIMIENTOS SOCIALES: ENTRE EL ANTAGONISMO, LA COOPERACIÓN Y LA ARTICULACIÓN

Nuevos aires en la política latinoamericana (y más allá...)

La emergencia de los movimientos sociales (MS) representa una nueva lógica a partir de la cual definir lo político. Los MS nacen en un contexto de cuestionamiento y confrontación con dos grandes "monstruos" de la vida social: la burocracia institucional de la clase política y la apatía de la sociedad con respecto a las cuestiones públicas, un sentimiento muy instalado por modelos neoliberales de gobierno que promueven el vaciamiento del lugar del Estado. Aunque vale recalcar que esto último no significa precisamente una ausencia completa sino más bien una resignificación de lo estatal hacia un lugar más funcional a los intereses de los sectores de mayor poder (económico y político), al control social y al desarrollo de políticas públicas paliativas. En otros términos, el mercado no se maneja solo sino que necesita de un Estado que permita su acción a través de la promulgación de leyes, que lo legitime a través de la propaganda y que atienda a los conflictos sociales que crea su desarrollo.[1]

Si analizamos la historia de América Latina en las últimas décadas, los MS han alcanzado poco a poco una mayor presencia y visibilización dentro del espacio público, de forma paralela a los crecientes conflictos y tensiones con los paradigmas tradicionales de la política. Es en esta coyuntura donde los MS fueron precisamente los agentes que se encargaron de atender a las demandas populares que ni el Estado ni la clase dirigente

---

1 Nicolás Panotto. "Lo "neo" del neoliberalismo: mercado, dinámicas socio-culturales, globalización y Estado: Un abordaje antropológico". *Perspectivas Internacionales*, Vol 10, N 2, Bogotá, 2015, pp.71-91.

escuchó, y de presionar las agendas sociales constantemente negadas por la política institucional.

Al hablar del lugar de los MS en el espacio público y el campo político, nos referimos específicamente a los siguientes elementos. Primero, a la presencia de una pluralidad de expresiones que se comprenden a sí mismas como agentes políticos. ONGs, espacios de representación de minorías sociales, organizaciones de defensoría de derecho, sectores de militancias inclusivas, entre otros, son los sujetos que forman parte de la propuesta política de los MS, y que en la mayoría de los casos no pertenecen al establishment burocrático tradicional.

Segundo, en conexión con lo antedicho, estos procesos involucran una redefinición de lo propiamente político. En otras palabras, desde las experiencias de los MS, lo político deja de representar un tipo de participación específica que se juega sólo en espacios institucionales –como pueden ser los partidos, los grupos políticos tradicionales o el mismo Estado– sino en la construcción de una ética social que desafía y entra en conflicto con los modos establecidos de definir las identidades socio-culturales, hacia la construcción de nuevas prácticas y acciones que den cuenta de la diversidad de demandas populares existentes. Es decir que lo político deja de ser una práctica restringida a un conjunto de profesionales (o de familias y apellidos histórico), para pasar a ser un conjunto de prácticas de resistencia, de luchas de poder, de construcción ciudadana y de desarrollo democrático a partir de todos los actores que componen una sociedad.

Por último, los MS ubican las nociones de pluralidad y diversidad como fronteras éticas para el ejercicio político. Esto quiere decir que, más allá de las tensiones que pueden surgir a partir de las diferencias ideológicas, identitarias o políticas de cualquier sociedad, lo plural, lo diverso, la alteridad, la diferencia, se ubican como marcos fundamentales para el compromiso político, al punto de afirmar: si no hay pluralidad, no hay política sino más bien totalitarismo.

¿Y la religión?

Es en este contexto donde las expresiones religiosas entran como agentes centrales de incidencia. Podemos hablar del lugar de lo religioso a partir de la lógica de los MS en dos sentidos. En primer lugar, desde la existencia de espacios, movimientos y organizaciones cuya identidad responde a una expresión religiosa o eclesial específica, y en segundo lugar, desde las prácticas religiosas presentes en los y las participantes de los propios MS, quienes promueven su militancia a partir de su fe y de los ritos o simbolismos pertenecientes a su creencia. El respeto por los santos y las vírgenes, las oraciones o persignaciones antes de salir a alguna marcha, el uso de lenguaje religioso para dar sentido a las acciones políticas, entre muchas otras prácticas cotidianas de los y las militantes en los MS, no son elementos folklóricos sino aspectos esenciales de su subjetividad, que juegan un rol central a la hora de reflexionar sobre su compromiso político.

Al analizar los preconceptos en torno a lo religioso dentro de los MS, nos encontramos con varios prejuicios (aunque no por ello injustificados), a saber, que las religiones se deben circunscribir al ámbito de lo privado y no al público, o que todas las religiones son intrínsecamente conservadoras y de derecha, entre otros. Como dijimos, dichas ideas responden a innumerables elementos indiscutibles, aunque por otro lado también existe el peligro de hacer generalizaciones que no dan fe de la pluralidad de posicionamientos, expresiones, ideologías, complejidades, tensiones y experiencias inherentes al campo religioso.

En este sentido, existen algunos replanteos que son necesarios hacer. Primero, la dicotomía entre lo privado y lo público es una distinción moderna, occidental y en cierta forma colonialista que pretendió hacer una distinción arbitraria entre lo político y lo no-político, con sus respectivos dominios. Más allá de las particularidades que se pueden reconocer entre dichos ámbitos en términos estrictos, las fronteras entre lo público y lo privado son mucho más porosas de lo que parecen. Además, como ya sabemos, esta división es utilizada para legitimar políticas liberales centradas en el egoísmo individualista o para la demarcación de terrenos donde la política no debería meterse, como son la familia, la sexualidad, las relaciones y los cuerpos. Pero el feminismo ya lo dijo enfáticamente: lo privado es político.

Teniendo esto en mente, restringir lo religioso al ámbito de lo privado también implica un reduccionismo. Que las religiones sean opciones personales por parte de los sujetos creyentes, no significa que la fe quede restringida al ámbito de lo privado, y que ella nada tenga que ver con el cuerpo social más amplio. Por ello, es necesario comprender que las opciones religiosas son también modos de construcción de subjetividad, de fundar relaciones y de elaborar modos de entender la realidad, los cuales tienen directa relación con los procesos de desarrollo comunitario, y de construcción de cosmovisiones y prácticas socio-políticas.

Otro tema a tener en cuenta son los tipos de articulación política que realizan algunos actores religiosos a partir de sus propuestas de incidencia. Por ejemplo, se suele decir que muchas iglesias sólo se manifiestan en el espacio público para respaldar agendas moralistas, como son la defensa de la familia tradicional, el cuestionamiento a proyectos de educación sexual y la resistencia a propuestas de ley, como los de matrimonio igualitario, el aborto o la identidad de género. Aunque esto es verdad, muchas veces no se tiene en cuenta que dichos elementos distan de ser sólo agendas privativas de las comunidades religiosas o una simple defensa de preceptos morales. Si mantenemos una comprensión restringida sobre el nivel de influencia de estas prácticas, ignoramos su verdadero alcance dentro del campo social. Por ejemplo, una visión laicista que estigmatiza lo religioso como una fuerza moralizante, no permite ver que dichas agendas facilitan la constitución de un fuerte capital político –a través de redes y pactos con partidos, organizaciones y agrupaciones–, lo cual representa una matriz mucho más compleja que la enarbolación de una ideología moral, la cual no se puede enfrentar simplemente con un discurso anti-religioso esencialista.

En resumen, necesitamos ampliar y des-prejuiciar los modos en que se define la incidencia pública de lo religioso, en vistas de, por un lado, visibilizar las profundas raíces en que lo religioso influye dentro del campo político (que, como dijimos, va mucho más allá de la defensa de ciertas banderas morales), y por otro, empoderar y resignificar las prácticas políticas de los creyentes y las comunidades.

Aquí vale realizar una nota crítica: la izquierda en América Latina –como en otras latitudes– ha mantenido históricamente un discurso férreamente laicista, mostrando una gran resistencia –embebida de muchos preconceptos– con respecto a lo religioso. Repetimos: dicha resistencia tiene mucha razón de ser, pero al final termina fortaleciendo lecturas reduccionistas sobre el alcance de la incidencia religiosa y con ello clausurando las potencialidades que tiene el fenómeno religioso desde una visión diferente y opacando un sinnúmero de experiencias alternativas que pueden ser de gran valor para los MS.

Con respecto a esto último, cabe subrayar dos elementos. Primero, si nos detenemos a analizar la historia de los diversos procesos de emancipación, liberación y promoción de los derechos humanos en los países latinoamericanos, siempre encontraremos actores religiosos –individuales o institucionales– que han tenido un protagonismo central. Segundo, que los discursos teológicos poseen un gran poder de construcción de sentido liberadores y críticos. Esto último es un aspecto importante a considerar sobre la relación entre los MS y los espacios religiosos: los discursos teológicos no son sólo instancias apologéticas o dogmáticas, sino que poseen el mismo poder articulador, político y hermenéutico que otro tipo de discursos, con capacidad para crear sentidos de identidad y comunidad. ·35·

Algunas propuestas

A estas alturas vale concluir que lo religioso en tanto espacio de identidad y desde el lugar que ocupan las comunidades religiosas como agentes sociales, no tiene porqué ser enemigo sino más bien aliado significativo de la militancia socio-política de los MS. De esta manera, se alcanzarán varios objetivos. Primero, un mejor trabajo hacia dentro de los movimientos, al tener en cuenta las sensibilidades religiosas de quienes los integran. Segundo, permitirá la inclusión de un gran sector de la sociedad en los procesos de incidencia pública. Y tercero, brindará herramientas para el cuestionamiento de y la resistencia frente a espacios políticos y proyectos de ley promovidos desde un marco religioso, sea por agentes eclesiales o por partidos políticos que legitiman sus agendas apelando a dichas cosmovisiones.

Profundizando sobre posibles estrategias de acción desde los mismos MS para la inclusión del elemento religioso en su agenda, podríamos mencionar cuatro puntos. Primero, *es* necesario convocar y articular proyectos con organizaciones y espacios religiosos que promueven visiones y prácticas alternativas, especialmente desde una mirada comprometida con los derechos humanos. En todos nuestros países de América Latina existen estas iniciativas, aunque muchas veces están opacadas (inclusive silenciadas intencionalmente) por sectores hegemónicos dentro de las expresiones o comunidades religiosas monopólicas. Nuevamente, esto servirá para conocer otro tipo de discurso como también hacer frente a prácticas y acciones promovidas por sectores fundamentalistas.

Segundo, *visibilizar y reconocer personas y proyectos con trayectoria dentro del campo de la incidencia pública desde una perspectiva religiosa.* Sería muy enriquecedor escuchar más religiosos/as, pastores/as, teólogos/as y creyentes involucrados/as en distintos proyectos de acción política, en reuniones, paneles, conferencias, clases y encuentros de militancia. Inclusive se pueden convocar grupos de diálogo interreligioso que sirvan a la visualización de otros modos posibles de convivencia social a partir de la fe, lo cual valdrá como un ejemplo de diálogo democrático. También se pueden desarrollar instancias de expresión artística que resignifiquen prácticas y símbolos religiosos que son comúnmente utilizados desde ópticas fundamentalistas o enajenantes. Aquí un elemento transversal al campo de los MS y las comunidades religiosas: la cuestión de las expresiones performáticas, es decir, del lugar de los rituales, el arte y los simbolismos, como instancias a partir de las cuales cuestionar los modos establecidos de entender la realidad, a través de una reapropiación que cambie los significados normativizados.

El tercer elemento a considerar es *la formación de las líneas de liderazgo de los MS en torno al fenómeno religioso y el abordaje teológico de temáticas específicas vinculadas a sus ejes de militancia.* ¿Qué decir frente a la defensa férrea de la familia como núcleo de la sociedad y como "modelo" divino? ¿Y de la supuesta "creación" binaria de la sexualidad? ¿La resistencia a espacios de crítica, cuestionamiento y resistencia social desde la supuesta idea de "orden social" legitimada por una teología que sostiene la idea de un único Dios que maneja la historia y donde la iglesia es su agente privilegiado? ¿De la oposición a leyes de igualdad de género a partir del argumento que apela a la "ley natural"? ¿La defensa de la propiedad privada a partir de la libertad dada por Dios? Estos y muchos otros argumentos teológicos son utilizados desde comunidades religiosas, federaciones eclesiales e inclusive espacios y partidos políticos para legitimar proyectos de ley y agendas públicas.

Frente a un tipo de argumentación teológica, se necesita una respuesta en los mismos términos, para lo cual los MS deben estar preparados. Pero por otro lado, también es importante considerar la existencia de producción teológica vinculada a temáticas específicas, como en cuestiones de género (teologías feministas y queer), políticas (teologías públicas), culturales (teologías poscoloniales e interculturales) y sociales en general, cuyo abordaje enriquecerán y ampliarán el trabajo de incidencia en los MS.

La última propuesta es *la sensibilización de las bases a partir de la formación ciudadana*, donde lo religioso entre como un eje transversal de análisis. Por ejemplo, si hablamos de la construcción de prácticas y contextos democráticos plurales e inclusivos, no podemos dejar de lado el lugar de las religiones, instancias que merecen expresarse de la misma manera que cualquier otra identidad. También el paradigma del diálogo interreligioso es sumamente importante para la promoción de cosmovisiones sociales igualitarias.

Existen muchos ámbitos donde lo religioso requiere ser abordado con la importancia que merece: en nuestras escuelas, educando sobre la importancia de la espiritualidad como instancia de desarrollo personal y comunitario, y no como un elemento folklórico de la vida privada; incluir elementos teológicos y visiones religiosas en el tratamiento de temas que conciernen al desarrollo comunitario; construir espacios de articulación con iglesias y comunidades dentro de los barrios, sectores populares, ciudades, etc., para abordar de manera conjunta diversas problemáticas; más aún, MS y espacios eclesiales u organizaciones religiosas podrían trabajar de forma conjunta para ofrecer instancias de sensibilización y formación para las innumerables iglesias y comunidades de fe que forman parte de nuestros contextos, y que a pesar de su compromiso con la incidencia social, carecen de preparación adecuada.

En resumen, la relación entre los MS y los discursos y comunidades religiosas no tiene que ser ni antagónica (ya que comparten muchos procesos, discursos, prácticas y cosmovisiones) ni meramente cooperativa (es decir, desde una visión pragmática que "utiliza" los espacios religiosos para fines propios) Desde lo desarrollado hasta aquí podemos afirmar, más bien, que es posible una *articulación* donde los MS sean espacios donde lo religioso se integre como un elemento que profundice instancias de incidencia, y de la misma forma, donde las religiones encuentren esferas de retroalimentación dentro de un contexto de diálogo con otros agentes sociales.

¿DE QUÉ "RELIGIÓN" ESTAMOS HABLANDO?

Últimamente es común leer frases como "la religión se metió en el Estado" o "la religión intervino en asuntos políticos". Generalmente el tono de estas expresiones suele ser crítico, cuestionando particularmente el incremento de perspectivas neoconservadoras y su intromisión en el tratamiento de proyectos de ley vinculados a igualdad de género, educación sexual, despenalización y legalización del aborto, entre otros. Podemos encontrar innumerables ejemplos de los tipos de incidencia de estos grupos, tanto en el ámbito nacional como regional, que van desde declaraciones públicas de iglesias y comunidades religiosas sobre temas sensibles en términos sociales, hasta extendidas movilizaciones callejeras, un lobby cada vez más organizado y la presencia en espacios multilaterales.

Ahora bien, aunque esto tiene mucho de razón, para que dicha crítica sea efectiva en términos socio-políticos reales, requiere de algunas precisiones. A saber: el problema no es que LA religión se está metiendo en la política, sino que ciertas visiones específicas –morales, ideológicas, sociales–, que forman parte de un extenso repertorio de imaginarios, opiniones y posiciones dentro de las diversas expresiones de fe, están logrando articularse con algunas agendas políticas con las cuales encuentran eco. No podemos hacer referencia a una condición homogénea del campo de las creencias, ni de sus posturas políticas e ideológicas. Las visiones neoconservadoras que forman parte de él son una más entre muchas. Mayoritaria, no lo negamos, ¿pero acaso no es el reflejo de lo que sucede en la sociedad en general?. Más aún, dichas perspectivas también pueden ser asumidas de diversas maneras por parte de los creyentes particulares e inclusive las estructuras institucionales, ya que no todas las personas e iglesias pretenden hacer una agenda política de sus creencias particulares, haciendo además una distinción entre sus posturas teológicas y aquellas de interés público, aunque ello implique cierta contradicción o tensión.

Hacer esta precisión no es un dato menor. ¿Por qué? Primero, porque hacer generalizaciones sobre la génesis y constitución de cualquier actor social –en este caso uno muy importante como es el religioso– impide realizar un análisis certero sobre muchos factores, además de representar una actitud poco sensible en términos democráticos, al imponerse un prejuicio por sobre las singularidades de una identidad, con la vulnerabilidad de derechos que ello conlleva. Enfatizar sólo sobre una de las múltiples caras que puede adquirir una expresión religiosa, es un reduccionismo que no da cuenta de la complejidad del campo y de los innumerables tipos de incidencia que poseen sus actores y comunidades, las cuales son en muchos casos antagónicas. ¡También hallaremos dentro de los espacios religiosos las mismas tensiones que encontramos en cualquier grupo identitario!

Pero en segundo lugar, esta aclaración también tiene directo impacto sobre el planteamiento de la idea de Estado laico e inclusive sobre cómo promover otros imaginarios en torno a la relación entre religión y espacio público. Veamos. Decir: "la religión no debería influir en el Estado" o "las creencias particulares no tienen que meterse en la política", nos pese o no, es una falacia. Debemos procurar que el Estado nunca asuma una instancia de confesionalidad, donde una expresión religiosa particular sea priorizada por sobre las demás y sea tomada como posicionamiento oficial en temas concernientes al espacio público. Es la separación entre Iglesia y Estado, por la cual debemos seguir luchando. Pero ello no significa que perspectivas religiosas de todo tipo no influyan de alguna manera en la opinión de legisladores, a través de debates públicos, de declaraciones institucionales, a través de movilizaciones, en la participación de consultas parlamentarias, entre otras circunstancias. ¿Es esto negativo en sí mismo? Para nada. Forma parte del itinerario que constituye un espacio democrático, donde la diversidad de voces que lo compone tienen el derecho de expresar su perspectiva, siempre y cuando respeten a los demás y se entiendan a sí mismos en un mismo estatus de legitimidad que el otro.

Lamentablemente, debemos reconocer que muchas expresiones religiosas no cumplen esto último, ya que se entienden a sí mismas como portadoras de un tipo de verdad absoluta revelada, lo cual implica la obstrucción de un diálogo social abierto e inclusivo. Nuevamente, podríamos también atribuir tal falta a otros sectores sociales, que hacen lo mismo pero desde una visión no teológica. En todo caso, vemos aquí la necesidad de trabajar con mayor profundidad las interacciones entre imaginarios dogmáticos y sus consecuencias sociales. Una tarea interesante que teólogos/as y analistas políticos deberían plantear de forma conjunta.

Por ello, la pregunta es: ¿qué deberíamos priorizar: insistir que LA religión quede fuera (apelando a visiones generalizadoras y monolíticas que no dan cuenta de la complejidad del objeto al que refiere), o reconocer que las creencias siempre han sido y seguirán siendo un elemento fundamental en la construcción de identidades políticas, pero procurando que se visibilicen en su totalidad, diversidad y pluralidad, para así lograr una mayor representatividad de perspectivas sociales e ideológicas en diálogo con las diversas miradas que habitan a las creencias religiosas?

En otros términos, el reconocimiento de la pluralidad del campo religioso y la no promoción de visiones hegemónicas, servirá a la construcción de un espacio de disputa de sentidos. La solución no se encuentra en la exclusión. Ello responde a una muy acotada lectura del fenómeno de secularización y del concepto de laicidad, además de una actitud con ribetes poco democráticos. Si partimos desde una visión radical de lo democrático, entonces lo que debemos intentar es **crear un espacio de disputa (contra)hegemónica**, donde las voces que son visibilizadas como las únicas fidedignas sean confrontadas con visiones diversas, que apelen a agendas en derechos humanos, a prácticas inclusivas y a perspectivas dialogantes, para así inscribir una instancia política plural, reconociendo las características del propio campo religioso.

Por todo esto, cuando hablemos de "religión y política", tenemos que preguntarnos: ¿de qué "religión" estamos hablando? ¿A qué visión responde? ¿Cuál es su particularidad? ¿Qué principios dogmáticos representa? ¿Qué otros actores y perspectivas existen dentro de su propio seno? En fin, preguntarse quién es ese otro (religioso) es una interrogante muy necesaria en nuestras democracias latinoamericanas. Tal vez así podremos caminar hacia la deconstrucción y cuestionamiento de aquellas voces neoconservadoras que muchas veces se creen representantes del todo, para así proyectar el potencial político intrínseco que posee la diversidad de creencias que embellece nuestras sociedades, contexto que es indispensable para dar cuenta de un ambiente realmente democrático.

DE POPULISMOS Y RELIGIONES

El uso de referencias políticas para analizar las dinámicas religiosas es algo muy común. Los procesos contextuales, los nuevos escenarios que se presentan en cualquier grupo social, los tipos de discursos que circulan en la cotidianeidad, todos ellos representan demarcaciones a partir de dónde analizar, cuestionar, dar sentido y evaluar el fenómeno religioso.

En esta dirección, hace algunos años el término *populismo* ha estado muy presente tanto en boca de analistas políticos como en medios de comunicación y discusiones entre amigos o familias. Es un concepto polivalente, que puede referir a situaciones, modelos y prácticas sumamente antagónicas. Podemos encontrar profundos estudios académicos –que llegan a conclusiones totalmente distintas- como también una utilización muy disímil en la cotidianeidad, especialmente en medios de comunicación. La identificación con el líder, el uso de gestos con enérgica fuerza simbólica para obtener cohesión social, la enunciación de quién es el "pueblo", la ejecución de políticas con enérgica intervención (sea individual o institucional) y ciertos tipos de retórica mesiánica, son algunos de los elementos que más se destacan para su definición.

El énfasis sobre este concepto ha llevado a definir como "populistas" a diversos fenómenos dentro del campo religioso. Por ejemplo, lo vemos en algunas evaluaciones sobre la figura del Papa Francisco, quien se ha ganado el epíteto de "líder populista" –desde bandos favorables y contrarios– por la centralidad que ha adquirido su persona en la "reinvención" del Vaticano, por el tipo de discurso "popular" que emplea, por sus prácticas de solidaridad con pobres, adictos y refugiados, por la utilización de gestos con una profunda y provocadora carga simbólica, entre otros elementos. También lo observamos en el análisis –desde lo académico hasta lo periodístico– del lugar que han alcanzado comunidades pentecostales en distintos contextos del continente latinoamericano, donde se enfatiza la performance carismática del pastor y su influencia en la comunidad.

En resumen, podríamos decir que la fuerte imagen de los líderes religiosos y las prácticas de asistencia que realizan comunidades eclesiales o religiosas –vistas como instancias de reclutamiento–, sirven en muchas ocasiones para endosarles el título de "prácticas populistas". Ahora bien, así como existen reduccionismos, limitantes y prejuicios a la hora de utilizar este término en el campo de la política o de las dinámicas sociales en general, lo mismo sucede con el fenómeno religioso. Y en este sentido, podríamos resaltar tres elementos.

Primero, hay que advertir el reduccionismo que existe a la hora de analizar el rol supuestamente manipulador de los líderes religiosos en la conducción de sus comunidades. Aunque no hacemos oído sordo a las teorías sobre manejos de masa, la existencia de estructuras verticalistas y la presencia de complejos juegos psicológicos –legitimados, todos ellos, en cierto oscurantismo teológico–, estos no son los únicos modos de comprender la influencia de un tipo de liderazgo en las personas que le siguen o enarbolan como símbolo. La relación entre liderazgo y comunidad no es unidireccional sino sumamente dinámico y heterogéneo. Por ende, no podemos concentrar el análisis sólo en acciones intencionales por parte del líder hacia las personas (en una dinámica de arriba hacia abajo, como se suele decir), sino también en *modos de identificación* por parte de la misma comunidad y las personas que la componen –las cuales parten de demandas sociales, relacionales, afectivas, simbólicas, económicas, etc.- con la figura del líder, su carisma, su discurso, y por supuesto con el aura simbólico-ritual que se construye a su alrededor.

En otras palabras, hablar de prácticas populistas no significa referir a un rebaño de ovejas adormecidas y dominadas, sino más bien a un tipo de vinculación donde intervienen incontables procesos de producción subjetiva por parte de creyentes activos que demandan, actúan y eligen, según sus necesidades, posibilidades y contextos, y donde ciertas características del líder en cuestión coinciden con las respuestas necesarias a dichas demandas.

El segundo elemento a destacar es la manera en que se conciben las prácticas de asistencia o intervención de los grupos o comunidades religiosas. Suele existir cierto prejuicio con respecto a las acciones públicas de las religiones, las cuales muchas veces se consideran sólo como prácticas proselitistas para ganar más adherentes. Aunque este elemento está presente, no es correcto sobredimensionarlo. Las lecturas clientelistas con cierto aroma de prejuicio no deja ver el alcance que tienen dichos mecanismos dentro de su campo de injerencia. Los creyentes no son personas que actúan sólo desde una conciencia "evangelizadora" –aunque ello forme parte en muchos casos– sino también desde la respuesta a un compromiso con la reimaginación y empoderamiento social, que tal vez no encuentran asidero dentro de otros espacios no religiosos. Más aún, si se detiene a analizar la pluralidad de procesos y efectos que se dan a partir de las relaciones entabladas dentro de este tipo de prácticas –que muchas veces son expresados como epopeyas supranaturales, como es propio de algunas expresiones religiosas–, se puede advertir la emergencia de incontables micro-dinámicas que se proyectan mucho más allá de cualquier intencionalidad o "bajada de línea", más aún de tinte proselitista.

El último aspecto a considerar refiere a un elemento más que evidente: ningún líder puede manejar la cotidianeidad de los miembros de una comunidad. En otras palabras, hay que reconocer la existencia de múltiples procesos de interpretación y cuestionamiento que parten desde los mismos creyentes con respecto a los discursos o propuestas de sus líderes. Aunque ellos no se profesen en tono de denuncia o desacuerdo público, sí se manifiestan en prácticas concretas dentro de la intimidad cotidiana. Por ello, no se puede hablar de una correlación directa entre intenciones u órdenes de un líder y efectos en la vida de las personas. Aunque no se puede ignorar dicho fenómeno, inclusive si así fuese el caso, hay que considerar que en instancias de prácticas de liderazgos, entran en juego una pluralidad de elementos sistémicos propios de la construcción de las subjetividades y de los vínculos, que no pueden adjudicarse sólo a la intervención directa de un personaje mítico. En otros términos, a la hora de regresar al hogar, cada creyente interpreta de la forma que le place lo aprendido y utiliza lo que le que más le conviene.

En conclusión, se requiere advertir ciertas lecturas simplificantes en torno al uso de la idea de populismo con respecto a las prácticas religiosas, como las que podemos ver en este último tiempo, evade un análisis profundo en torno a la complejidad en su uso y sentido. Así como podemos caer en lecturas estrechas sobre las dinámicas sociales, lo mismo puede suceder con los modos en que acotamos los procesos institucionales, comunitarios y discursivos de un espacio religioso y la práctica de su membresía.

IGLESIAS PÚBLICAS

Las iglesias cristianas son hace mucho tiempo agentes fundamentales para entender los procesos socio-políticos de América
Latina. Pero las dinámicas de dicha incidencia han cambiado
considerablemente en los últimos años. Los temas que más
se destacan ya no se centran solamente, como hace un par de
décadas atrás, en la presencia de comunidades eclesiales en
sectores populares y su trabajo comunitario. Tampoco en la
capacidad de movilización en manifestaciones callejeras, como
lo vimos durante la década de los '90. Hoy hablamos de un
trabajo mucho más complejo, afianzado, ordenado y con gran
presencia en instancias institucionales dentro de los Estados,
los cuerpos políticos partidarios y diversas instancias de deliberación tanto local, nacional como regional.

Encontramos creyentes que asumen su militancia a partir
de un compromiso férreo con sus creencias, las cuales hacen
explícitas y públicas dentro de los espacios que conforman,
sean movimientos sociales, partidos políticos, hasta en posiciones importantes para la toma de decisión geopolítica dentro
del sistema interamericano. Identificamos además la influencia
que poseen en instancias de lobby, con acciones que han logrado demarcar el tratamiento de políticas públicas, en alianza y
articulación con otras agrupaciones, trabajando de par en par
con equipos formados en abogacía, ciencias políticas, sociolo-
gía, medicina, economía y desarrollo organizacional.

Pero la relevancia pública de las iglesias no se ubica solamente por las acciones que realicen dentro del campo político
burocrático o formal. Su dimensión pública también se refleja
en los elementos constitutivos de su identidad. Su "publicidad"
pasa precisamente en la atención que la sociedad presta sobre
sus acciones, discursos y prácticas como instituciones eclesiales, ya que ellas tienen directo impacto en la comunidad, la
opinión pública y las dinámicas políticas de cualquier lugar. Por
esta razón, las iglesias son convocadas por gobiernos provin-

ciales y nacionales para el trabajo conjunto en problemáticas comunitarias, como también para dar su opinión sobre temáticas sensibles que conciernen a toda la sociedad. Sus gestiones –sea a través de sus templos o de las ONGs que conforman para sus proyectos sociales- son observadas constantemente tanto por la ciudadanía como del cuerpo político.

Pero es justamente por esta dimensión pública intrínseca al quehacer de las iglesias que muchas de sus acciones comienzan también a ser desafiadas desde el campo público, político y judicial. Lo vimos en la condena que recibieron la Confederación Evangélica y la Conferencia Episcopal de Costa Rica por parte del Tribunal Superior Electoral por promover ciertas candidaturas desde los púlpitos. O en Chile, con la sentencia que recibió la Catedral Evangélica Jotabeche por divulgar públicamente (en encuentros litúrgicos y transmisiones de su canal de YouTube) dichos que deshonraron la moral del Movimiento de Integración y Liberación Homosexual (Movilh) a través de calumnias. También en el actual escándalo que rodea al Obispo Eduardo Durán, por salir a la luz los elevadísimos montos de su sueldo anual y las entradas financieras de su iglesia (provenientes de los diezmos), sin ningún respaldo legal y formal en términos de transparencia.

Lo que llama la atención es el tipo de justificación que algunas iglesias esgrimen al momento de ser cuestionadas por sus acciones. Se apela a la "autoridad pastoral" como un estatus suficiente para el uso indiscriminado de bienes y dinero de la iglesia, a la "libertad de expresión" para legitimar declaraciones discriminatorias en contra de otros grupos sociales o al "ejercicio democrático" para sostener un lugar de privilegio dentro de espacios de deliberación política.

Aquí es donde encontramos una paradoja con respecto a la comprensión de la incidencia pública en este tipo de iglesias. Por una parte, apelan a su innegable participación dentro de la deliberación pública, ya que son agentes de gran relevancia y alcance social, que, así como otros sectores, tienen el derecho de expresar su opinión e inclusive participar en instancias formales de institucionalidad política, al menos a partir de una configuración que no vulnere el principio de Estado laico. Pero por otra parte, remiten a una visión de iglesia independiente, donde "es Dios quien controla y no la política", para justificar sus acciones y esquivar la responsabilidad que poseen como cualquier otro actor político. Es decir: nadie puede pedir cuentas de sus finanzas o denunciar un tipo de acción controversial en términos democráticos, porque su "jurisprudencia" parece sostenerse en una dimensión teológica, y no en las reglas del juego político y legal. En otras palabras, quieren incidir a toda costa en el espacio público, pero se resisten a que se les aplique las normativas y reglamentaciones que conforman a un sano espacio público, lo cual incumbe a todo actor social dentro de la sociedad civil o la comunidad política.

El ser de la iglesia es intrínsecamente público. Su liturgia, su organización interna, sus discursos teológicos, sus proyectos sociales, tienen directa influencia en la construcción de cosmovisiones sociales y políticas, como también en la movilización de grupos y personas de toda comunidad. Lo reconozca o no, lo explicite o no, es un agente que juega dentro del engranaje de la sociedad civil, del Estado, de los gobiernos y de las relaciones geopolíticas. Esto se refuerza aún más cuando hay una intencionalidad directa, al promover posicionamientos públicos, al desarrollar acciones para el tratamiento o bloqueo de políticas públicas o al construir alianzas y coaliciones para participar en espacios de deliberación regional.

Por estas razones, estas iglesias (sustentadas muchas ellas en organizaciones civiles, federaciones y movimientos) no pueden apelar a una especie de dualismo funcional, donde pretenden participar dentro del espacio público, pero exigiendo un trato preferencial y ser excluidas de las reglas básicas que conciernen al funcionamiento de toda la sociedad, y que interpelan a cada actor político que pretenda ser parte de un proceso democrático, por la sola razón de creer que poseen un estatus de preferencia en nombre de Dios, la fe o la religión.

Porque la iglesia es intrínsecamente pública, debe respetar los procesos de transparencia financiera que se imponen a cualquier institución que maniobra fondos propios, más aún provenientes del aporte voluntario de sus miembros. Dichos procesos se sostienen en leyes cimentadas en los valores de la justicia económica, la distribución equitativa y la igualdad en el acceso de recursos, principios que podemos encontrar de tapa a tapa en la Biblia.

Porque la iglesia es intrínsecamente pública, si su deseo es influir en el espacio político, debe respetar las reglas inherentes de dicho espacio. Debe ser cuidadosa con el tipo de legitimación discursiva que utiliza, reconociendo su punto de vista particular, y no apelar a escapismos metafísicos en nombre de Dios o de lecturas literalistas de la Biblia como respaldo de privilegio frente a otros marcos de legitimación (ideologías, identidades, posicionamientos políticos) o perspectivas morales. Las iglesias –al menos en términos institucionales, es decir, a partir de normativas denominacionales, federaciones eclesiales y organizaciones basadas en la fe– pueden sostener cualquier punto de vista y defenderlos públicamente, pero deben hacerlo como iguales dentro de un debate que incluye otras opiniones, donde el hecho de partir de un discurso religioso o teológico no los ubica en un pedestal de poder o supremacía, donde el argumento de la "discriminación" ya no es válido para ponerse en un lugar de "victimización" frente a otros, y donde el interés de la sociedad en su conjunto debe primar por sobre la defensa de perspectivas particulares.

Porque las iglesias son intrínsecamente públicas, algunos grupos necesitan reconocer que toda visión teológica es siempre subjetiva, que responde a una cosmovisión política y que el campo eclesial y religioso está compuesto por una pluralidad de posiciones teológicas, sin que ninguna de ellas ocupe un lugar de universalidad ni privilegio. No se puede seguir sosteniendo la ingenuidad de hablar de "principios absolutos" que se "aplican" a la política de manera desinteresada o neutral. Toda teología tiene un marco ideológico, por lo cual ningún discurso religioso puede apelar, menos aún en un espacio de deliberación pública, a una aplicación universal que se imponga al resto. Aquí la mayor contradicción de algunas cosmovisiones cristianas: quieren incidir con argumentaciones políticas, pero las sostienen desde una fundamentación que no reconoce singularidad ideológica alguna y que condena toda diferencia. Por ello, los "otros" son los "ideológicos"; ellos, sin embargo, entienden su lugar desde "lo objetivo", a saber, "Dios" (por este principio epistémico, precisamente, acostumbran apelar al positivismo científico para sus argumentos). No respetar y explicitar el principio democrático elemental de la pluralidad, la diferencia y hasta la disidencia, condenando al otro en nombre de lo que se afirma absoluto, es hacerle el juego al totalitarismo.

Muchas iglesias cristianas y espacios para-eclesiales de participación se están organizando cada vez más en términos de incidencia pública. Y eso no es ni bueno ni malo. Tienen su derecho como cualquier agente político. Pero aún falta mucho por trabajar en torno a los fundamentos discursivos y políticos de dicha alineación. Los procesos de formalización y profesionalización que se han evidenciado, no deben responder sólo a estrategias para involucrarse en la institucionalidad, sino deberían servir también a transformaciones sobre las visiones internas de las iglesias y lograr un cambio hacia dentro de estos espacios, para promover una visión socio-política realmente democrática, que entienda y reconozca la condición heterogénea de lo público, y donde se construyan puentes de diálogo, más allá de los posicionamientos particulares. El problema fundamental no son tanto las perspectivas específicas que se esgrimen; aunque estemos en desacuerdo, en un espacio democrático todos/as tienen libertad de expresión, siempre y cuando se respeten los principios básicos de diálogo y reconocimiento democrático. El problema es desde dónde se esgrimen y si su visibilización respeta la legitimidad de los otros agentes dentro de un espacio público, donde todos/as se comprenden con el mismo derecho.

LA POLÍTICA EVANGÉLICA

EL CAPITAL POLÍTICO DEL CAMPO EVANGÉLICO LATINOAMERICANO

Diversos sucesos han puesto nuevamente sobre la mesa la relevancia política de las comunidades evangélicas. Lo vimos durante el proceso de *impeachment* en Brasil, donde la denominada "bancada evangélica" tuvo un rol determinante para el juicio y destitución de Dilma Rouseff. En México, con las marchas conjuntas entre comunidades evangélicas y católicas en contra del tratamiento de leyes sobre matrimonio igualitario. En menor medida en Chile y los procesos electorales que se acercan, o en Argentina y la legitimación de los aires políticos del nuevo gobierno.

Uno de los acontecimientos donde este fenómeno ha producido un gran impacto fue durante el referendo popular para aprobar el documento acordado en el proceso de paz en Colombia, donde un sector importante de comunidades evangélicas hicieron público su rechazo al Acuerdo, arguyendo, entre otras cosas, algunas razones ya históricas de su discurso moral: la resistencia a perspectivas de género presentes en el documento y también los temores frente a ciertos tufillos "castrochavistas" –en referencia a los modelos políticos de Cuba y Venezuela–, imaginario que ronda como marco de este proceso.

En vistas de estos escenarios, generalmente se tiende a definir el impacto político de las comunidades evangélicas en términos moralistas, lo que lleva a conjeturar algunas generalizaciones, tales como "las iglesias evangélicas son todas conservadoras", "las iglesias evangélicas son de derecha", "las iglesias evangélicas sólo se movilizan por temas de familia y sexualidad", entre otros epítetos. Más allá de que estas afirmaciones tienen mucho de verdad, no dejan de caer en ciertos reduccionismos, no sólo en lo que refiere al análisis del contenido discursivo que sostienen estas afirmaciones sino también de los tipos de articulación política que se despliegan a partir de ellas.

Aquí vale resaltar dos elementos. En primer lugar, los representantes evangélicos en el campo político –sean pastores, líderes, laicos o profesionales– han alcanzado con los años una gran capacidad de inserción en instancias burocráticas, partidarias e institucionales, no sólo a razón de su presencia dentro de estos espacios sino también gracias a la formación y capacitación que han alcanzado (por ejemplo, muchos jóvenes evangélicos se han formado en ciencias políticas, abogacía, desarrollo institucional, entre otras materias, con el objetivo primario de involucrarse en política, en muchos casos impulsados por sus propios pastores). En este sentido, los evangélicos ya no representan sólo un caudal electoral a disposición de algún candidato o partido sino que han logrado hacerse de altos niveles de estrategia, donde "lo evangélico" ya no simboliza sólo la presencia de un sector minoritario que hace política "de choque" resistiendo ciertas agendas particulares, sino un significante con fuerte capacidad de construcción de capital político en todos los niveles, el cual es utilizado no sólo por la misma comunidad evangélica sino por todos los agentes políticos.

El segundo elemento a considerar es cómo concebimos el énfasis de estas comunidades a ciertas agendas morales o valóricas. La oposición al matrimonio igualitario, la resistencia a la despenalización del aborto, la defensa del valor de la familia tradicional, entre otros discursos, no encarnan sólo temáticas aisladas que responden a un posicionamiento moral homogéneo o a la defensa de una cosmovisión bíblica o dogmática. Dichos elementos, más bien, deben inscribirse dentro de una comprensión sociológica mucho más amplia, que incluya la relación y apropiación de una pluralidad de agentes y discursos sociales. En otros términos, vistas desde una lectura en clave socio-cultural, estos tradicionales posicionamientos moralistas de cierto sector evangélico implican marcos discursivos, procesos institucionales e imaginarios sociales que este mismo campo ha sabido utilizar para hacer frente a otras problemáticas sociales, y reapropiar diversos imaginarios políticos dentro de una pluralidad de fuerzas socio-políticas.

El hecho de que algunas comunidades evangélicas adhieran a este tipo de demandas, debe ser analizado desde un cuadro más extenso, es decir, como un intento de lograr acciones conjuntas con otras fuerzas políticas, sectores sociales y grupos religiosos, y la promoción de comprensiones socio-antropológicas, valores sociales, visiones clasistas, entre otros. Por ello, el impacto político de la adhesión a estos discursos comprende la adscripción a un escenario de influencia pública que sobrepasa las demandas en sí, con el objetivo de consolidar frentes de incidencia social en todos los niveles.

El campo evangélico no es sólo un paladín conservador de la defensa sobre ciertos tópicos morales sino un agente que ha sabido articular de forma cada vez más efectiva un conjunto de discursos, perspectivas y fuerzas dentro del complejo escenario de burocratización y militancia políticas. De aquí que "lo evangélico" alude a un campo muy heterogéneo, que sabe empoderar su capital político de diversas maneras.

En este sentido, los actores dentro del campo evangélico actúan de modos muy diversos, lo que nos lleva a repensar ciertos reduccionismos muy comunes que son adjudicados a la hora de este tipo de análisis. Hoy día, por ejemplo, vemos cómo algunos actores pentecostales y neopentecostales son precursores dentro de procesos de resistencia o cuestionamiento a políticas y cosmovisiones conservadoras o neoliberales, por lo que no podemos adjudicarles tan fácilmente un mote de conservadurismo. También vemos cómo son superados problemas históricos entre comunidades cristianas –especialmente frente a la histórica satanización del "ecumenismo"- cuando católicos y evangélicos actúan conjuntamente para movilizarse contra leyes de género o la construcción de políticas de libertad religiosa. Por último, también hemos visto –especialmente en los casos de Brasil y Colombia– cómo algunas autoridades eclesiales han puesto en jaque diversos procesos políticos al actuar como fuerza de resistencia con gran poder aglutinador y con profundos niveles de burocratización y *expertise* política, que sobrepasan cualquier imaginario intra-eclesial.

En resumen, estos procesos muestran que el capital político de los evangélicos ya no puede describirse sólo a través de clichés moralistas, más allá de que dichas temáticas sean la bandera que izan para movilizarse. La pluralidad de movimientos y acciones por parte de los diversos agentes dentro del campo evangélico, la complejización y profesionalización en los modos de articulación institucional, los tipos de inscripción en frentes de resistencia pública, la capacidad de movilización social, la construcción de discursos socio-políticos, entre otros elementos, nos lleva a comprender que "lo evangélico" ya no representa –si alguna vez lo hizo– un campo de matriz política homogénea, centrada sólo en intereses de protección moral y como un simple caudal electoral, donde sus representantes son llamados únicamente a modo de estrategia para "acomodar puestos" dentro de la estructura institucional. Más bien, hablamos de un significante que en las últimas décadas ha alcanzado un gran capital político que es utilizado por los diversos miembros de la comunidad evangélica que apelan sin temor alguno a su adscripción religiosa como punto de partida para su posición política, y que saben jugar como profesionales dentro de los complejos vericuetos de la burocracia.

De aquí que el análisis sobre el estudio de la relación entre política y campo evangélico debe dejar cierta visión naife focalizada sólo en lo pragmático y moralista, para pasar a reconocerlo –en toda su heterogeneidad– como un agente con creciente capacidad de articulación en todos los niveles, y que hoy día representa un sujeto que puede ser clave no sólo para la defensa de ciertos discursos moralistas sino –a partir de ellos– para boicotear un acuerdo de paz con impactos globales, hacer caer a una presidenta o encauzar cambios políticos radicales en un país o región.

EVANGÉLICOS Y POLÍTICA:
¿DE QUÉ "VALORES" ESTAMOS HABLANDO?

Algunos evangélicos se promueven a sí mismos como salvadores de la política desde los "valores cristianos", supuestamente sin influencias, sin particularismos, sin preferencias, sin ideologías. Así, los "valores" se presentan como una palabra desideologizada y apolitizada que puede atravesar toda identidad sin "contaminarse" de subjetividades, y a la militancia política "en nombre de Dios" se la concibe en un escenario de *tabula rasa*, o sea, sin normatividad previa.

Con esto no negamos que Dios está más allá de cualquier tipo de determinación en estos campos. Pero, ¿qué de nuestra idea sobre Dios? ¿Acaso podemos decir que la manera de describirlo, comprenderlo, experimentarlo es "la" forma de hacerlo? ¿Acaso alguno de nosotros puede adscribirse el derecho de poseer la verdadera interpretación de la Biblia para llegar a tal afirmación? Existe un peligro muy dañino en enarbolar el nombre de Dios para legitimar como absoluta una manera propia de ver la vida, la moral, la fe. Encontrar este tipo de falacias es muy común entre evangélicos que militan en la política.

El caso argentino de la "diputada evangélica" Cynthia Hotton nos puede arrojar algunos ejemplos al respecto. Su vocación siempre fue expresada claramente: "...llevar los valores cristianos evangélicos al Congreso..." (*Página 12*, 15/10/2007). Ante tal desafío, emprendió la carrera partidaria como única vía para acceder a las esferas mayores de decisión. ¿Cómo congeniar su vocación cristiana con la opción de un partido concreto? Lo dice de esta manera: "Cuando la política afrontaba su peor crisis, yo sentí la necesidad de participar, y elegí 'Recrear' porque representa los valores éticos y de excelencia en la gestión pública con los que me identifico" (*Noticias Cristianas*, 10/10/2007).

Más allá de esta preferencia partidaria particular (un partido político identificado con ideas de derecha) que al tiempo abandonaría por diferencias internas con el "PRO" –partido asociado a Recrear– por su apoyo a la ley de matrimonio entre personas del mismo sexo, la diputada Hotton definió su participación política desde su lugar como cristiana y no ya, al menos exclusivamente, como miembro de un partido: "Y ahora pienso decididamente mi identidad como cristiana en la política. Porque los partidos en la Argentina –ser del PRO, del peronismo, del radicalismo– no te definen como antes ideológicamente. Hoy soy partidaria de jugarme más con mi identidad de cristiana evangélica. Las cosas que decido y las que pienso son a partir de mi identidad como cristiana".[1]

Nuestra identidad cristiana y sus valores, ¿están intrínsecamente vaciadas de cualquier opción ideológica? ¿Acaso las propuestas de la misma Hotton no responden a un marco social, político e ideológico definidos fuera de su creencia? ¿Su opción es la de todos los evangélicos?

Cynthia Hotton afirmó en reiteradas ocasiones su vocación de ser "sal y luz" en el campo de la política, aludiendo a las metáforas de Jesús en los Evangelios. Para ella, "los evangélicos en política debemos ser sal y luz, para poder reformar las prácticas. Demostrar, sobre todo, otra forma de hacer política, poner el acento en el cómo, promover el diálogo como práctica ejemplar.[2]

Aquí, otro gran peligro del compromiso evangélico con la política: el complejo mesiánico o, como dice René Padilla, "la tentación constantiniana"[3] (Carbonelli y Dominzain lo denominan "lógica redentorista"). Esta actitud termina siendo, paradójicamente, anti-política: los funcionarios evangélicos se posicionan en un lugar de verdad que tiene el doble riesgo de fomentar una práctica reducida de lo democrático y de asumir un ingenuo posicionamiento desde donde se promueven

1 Marcos Andrés Carbonelli y Julia Muriel Dominzain, "Evangelismo en el Congreso: estudio de trayectoria de la diputada nacional Cynthia Hotton". *Actas V Jornadas de Jóvenes Investigadores. Instituto de Investigaciones Gino Germani.* Buenos Aires: Facultad de Ciencias Sociales, Universidad de Buenos Aires, 2009, p. 16

2 Carbonelli y Dominzain, p. 9

3 John H. Yoder, Lilia Solano y C. René Padilla. *Iglesia, ética y poder.* Buenos Aires: Ediciones Kairós, 1998., p.76ss.

lecturas particulares y cuestionables de ciertos "valores".

Un particularismo político e ideológico, negado y escondido bajo la nomenclatura de los valores –por ejemplo, ponderar ciertas cosmovisiones en torno a la familia, la sexualidad, el lugar de lo religioso en la sociedad, etc.– puede asumir un estatus de absoluto al presentarse desde una identidad religiosa y fuerza de todo determinismo político. En este sentido, Hotton expresó frases democráticamente cuestionables como "No queremos un estado más laico. Queremos un estado donde lo religioso, los valores religiosos, sean contemplados y tenidos en cuenta..."[4], e hizo un delicado uso de legitimaciones bíblicas para decisiones discutibles y cuestionables como se reflejan en esta entrevista:

- - ¿Y cuál fue su postura en la cuestión del campo [conflicto de los grandes productores agropecuarios con el gobierno nacional]?

- - Bueno, tomé el versículo de Josué 1.6 y 1.9 de "esfuérzate y sé valiente", y después dice: "sigue la ley y no te apartes ni a diestra ni a siniestra" (*Pulso Cristiano*, 2008).

Posicionamientos como los de Hotton, propuestos como "valores cristianos", no representan a todo el pueblo evangélico, y menos aún cuando se los enarbola como absolutos. La idea de un pensamiento único va contra la propia esencia y constitución de la fe cristiana. ¿Acaso la misma identidad plural del cristianismo no tiene mucho que aportar a la comprensión de lo democrático? ¿Por qué tomar dicha pluralidad como un accidente coyuntural o inclusive erróneo, como dirían algunos, y no como una manera de entender la fe? ¿Son los "valores" una lista de moralinas?

Una actitud religiosa pedante es un obstáculo para la construcción de la democracia, entendida no como el reino de "la mayoría" sino como una experiencia social que reconoce el derecho de todas las identidades, su diálogo y hasta su conflicto inherente. Es hora de jugarnos por valores que tengan que ver con la apertura de un espacio plural, de diálogo y de litigio constructivo, tal como podría representar el cristianismo desde sus comienzos.

·61·

---

4 Carbonelli y Dominzain, p. 17.

¿QUÉ PODER TIENEN "LOS EVANGÉLICOS"?

Las noticias sobre el involucramiento de "los evangélicos" en la política siguen multiplicándose con imágenes de distintos países y contextos. El gobierno de Duque en Colombia incluyendo sigilosamente funcionarios evangélicos en áreas clave de su gobierno (especialmente en aquellas "zonas sensibles" de políticas públicas), Nicolás Maduro en un encuentro con pastores y pastoras pidiendo oración y apoyo por el momento de crisis del país, López Obrador en México coqueteando con expresiones evangélicas dentro de su frente partidario para tratar acciones en temas de salud, sexualidad y moral, el surgimiento del Frente Federal por la Vida y la Familia en Argentina compuesto por personajes controversiales como Cynthia Hotton y Agustín Laje, entre otros tantos, son algunos casos que podríamos traer en esta coyuntura.

¿Qué nos muestra este panorama? ¿Cuál es el poder real del campo evangélico? ¿Poseen capital político real o más bien hacen "barullo", como dirían en Brasil? Muchos estudios nos advierten sobre el cuidado a tener en torno a generalizaciones que no dan cuenta del peso real del campo evangélico en términos de política institucional, o de hacer comparaciones entre casos con muchas diferencias entre sí, como por ejemplo Argentina, Brasil y Chile, donde el "fenómeno Bolsonaro" y su relación con algunas iglesias evangélicas se utiliza y traslada en cada contexto para estudiar la incidencia de estas comunidades religiosas, sin considerar las importantes distancias sociológicas y porcentuales entre un caso y otro.

Un aspecto central que destacan estos análisis es que la relación entre extensión demográfica y opciones políticas dentro del campo evangélico no tiene necesariamente correlación directa. Se tiende a percibir como si la membresía de estas iglesias son llevadas por los mismos senderos ideológicos o manipular en términos electorales, cuando la realidad muestra importantes divergencias en términos de temáticas en común, preferencias ideológicas y mecanismos de incidencia desarrollados por cierta cúpula eclesial. Es decir: hay temas donde algunas expresiones de "lo evangélico" actuarán de manera más uniforme (por ejemplo, frente a la opinión sobre agendas valóricas), pero cuando traducimos eso en términos de capital político e ideológico, el panorama es muchísimo más complejo, hasta contradictorio.

Por esa razón hablamos de "los evangélicos", entrecomillado, porque hay que comprender que la visibilización pública de muchos de sus referentes y líderes no involucra un efecto directo en el resto de la feligresía, al menos en términos electorales y políticos. Sin embargo, de alguna manera, este fenómeno se replica en todas las expresiones religiosas, inclusive en la católica, que a pesar de tener una estructura más homogénea y jerarquizada, no impide que sus expresiones internas (teológicas o políticas) sean sumamente heterogéneas y hasta antagónicas.

·64·

De todas formas, el análisis de los modos de incidencia evangélica deben ampliarse, ya que si nos quedamos solamente con un estudio sobre su influencia en el esquema partidario o institucional, no daremos cuenta de otros espacios, prácticas y contextos donde la presencia política evangélica se evidencia con más notoriedad y proyección. Me refiero específicamente a considerar dos elementos: el aporte de "lo evangélico" dentro de los procesos de identificación política y la incidencia de este campo en mecanismos políticos regionales. Con respecto al primero, existe una necesidad de resignificar el sentido de cómo se juegan las identificaciones políticas desde una cosmovisión religiosa, específicamente en términos institucionales, que vaya de una comprensión partidista/nacional hacia un sentido o mecanismo de articulación dentro de un espectro más bien poli-céntrico de prácticas y actores sociales.

Podemos afirmar que los intentos de algunos grupos evangélicos de formar partidos propios han fracasado -desde la década de los '80 y en distintos países-, y con ello la imposibilidad de contar con una base electoral propia. Alcanzar dicha meta no solamente sería imposible en términos políticos sino también identitarios, considerando la configuración religiosa y eclesiológica particulares de esta expresión cristiana. Pero sabemos muy bien que hoy por hoy (aunque en realidad siempre ha sido así) la política no constituye simplemente un juego de poder entre partidos rivales sino más bien de una negociación entre muchas expresiones sociales, con el propósito de ampliar bases territoriales, y lograr una articulación diversificada en términos de capital simbólico y político. Es en este sentido, entonces, que podríamos afirmar que muchos agentes que se identifican con el campo evangélico están jugando un rol central en procesos políticos actuales.

¿Por qué? Lanzo algunas hipótesis para seguir trabajando. En primer lugar, ciertas iglesias evangélicas están emergiendo como referentes en medio de un contexto de crisis de confianza sobre agentes sociales históricos. Podemos ubicar este fenómeno en el regreso de cierta crítica hacia los actores políticos tradicionales, razón por la cual hoy día es común ver la postulación de "outsiders" que se pretenden fuera de los bipartidismos, de las tensiones derecha-izquierda o inclusive de la propia institucionalidad política (de allí la presencia de periodistas, deportistas, actores o "youtubers" como alternativas electorales).

También podríamos traer un fenómeno que está ocurriendo en varios países latinoamericanos con respecto a la caída en la imagen pública de iglesia católica, la cual ha sido históricamente uno de los agentes con mayor porcentaje de confianza social. Chile tal vez es el caso más emblemático: la Encuesta del Bicentenario de 2018 muestra que la confianza en la institucionalidad de la iglesia cayó de un 18% a un 9% desde 2017, y de un 27% a un 15% entre los/las católicos/as. Obviamente aquí influye el factor de las denuncias sobre abuso en la curia, lo cual aún hoy sigue desgastando la credibilidad eclesial en dicho país. Pero podríamos, además, mencionar el fracaso en la mediación de la iglesia católica en Nicaragua o las tensiones en Argentina con la figura de Francisco, como otros posibles ejemplos.

Son fenómenos diversos donde tampoco caben generalizaciones sobre el funcionamiento del vasto abanico católico, pero sí daría cuenta de una mutación o movimiento sobre la creciente diversificación del campo religioso latinoamericano, lo cual ha abierto la puerta, entre otros factores, al campo evangélico, como primera minoría en casi todos los países latinoamericanos, para ubicarse como un actor con el cual no sólo se pueden construir nuevas dinámicas de capitalización simbólica –principalmente del lugar social del cristianismo– sino de otro tipo de mecanismos de negociación y articulación dentro de la política institucional. Lo mismo cabe a la coyuntura que se abre con la crisis de los imaginarios y agentes políticos, los cuales encuentran también en cierta retórica y performance evangélicas una vía para lograr otro modo de promover lazos sociales, y con ello alcanzar la confiabilidad perdida por parte de algunos sectores.

Este último es precisamente otro aspecto a considerar sobre el contexto de mutación de las identificaciones políticas: los recursos retóricos, rituales y simbólicos que ofrece la cosmovisión evangélica en torno a la *construcción de carismas*. Este elemento, sin duda, tampoco puede ser abordado desde una mirada homogeneizante: hay muy diversas formas de práctica ritual en el campo evangélico, que van desde los tradicionales y conservadores hasta los más carismáticos. Pero de alguna manera, las expresiones más representativas, especialmente pentecostales, se han transformado en instancias de crítica no sólo hacia las mediaciones religiosas hegemónicas (especialmente de corte católico) sino también de diversos modos de socialización –fundamentalmente de retóricas militantes e institucionalizadas que poco llegan al común de la gente-, proponiendo otros mecanismos de vinculación, orientados más bien hacia el valor de lo afectivo, de las experiencias personales, de la mística comunitaria, de cierto discurso empoderador de los sujetos, entre otros elementos, que de alguna manera abonan a los imaginarios emergentes que cuestionan el racionalismo, la pragmática, la ineficacia y, sobre todo, la desconfianza que generan las formas políticas tradicionales, las cuales han ganado fuerte rechazo en muchos grupos.

Por esta razón vemos, por ejemplo, un Bolsonaro bautizándose en el río Jordán por un pastor, o un Uribe (Colombia), Maduro (Venezuela), Larreta y Vidal (Argentina), entre tantos casos más, cumpliendo con la performance de una oración de súplica emotiva y constreñida, tal como se acostumbra entre ciertas iglesias. Esto se vincula no sólo con la necesidad de una mímesis con intención electoral, sino también con el objetivo de apropiarse de ciertos recursos simbólicos, afectivos, relacionales y rituales, que hacen espejo entre la construcción de una figura política, con los mecanismos de incidencia y carisma social del campo evangélico, los cuales poseen un importante poder catalizador en términos sociales.

El último elemento a tener en cuenta con respecto al rol

que están asumiendo ciertas expresiones del campo evangélico tiene que ver con sus redes de incidencia a nivel global y regional. Movimientos como "Con mis hijos no te metas" (Perú), Congreso Iberoamericano por la Vida y la Familia (México) o Parlamento y Fe (Argentina), son instancias que dejaron de ser representaciones nacionales, para ubicarse como espacios que congregan funcionarios de toda la región con el objetivo de organizar acciones conjuntas.

También encontramos el trabajo de "ministerios" norteamericanos, como *Capitol Ministry*, el cual ha organizado encuentros con referentes de Costa Rica, Honduras y otros países de América Central, con el propósito de ofrecer estudios bíblicos para funcionarios y congresistas. Por último, este fenómeno también se pudo plasmar en las últimas asambleas de la Sociedad Civil en la OEA (2018 y 2019), donde participaron distintas coaliciones evangélicas, en representación de más de 135 iglesias y organizaciones. El lobby y la influencia que están teniendo estos sectores en dichas instancias, han alcanzado importantes articulaciones en términos de acciones regionales sobre ciertas agendas, especialmente vinculadas a derechos humanos y políticas públicas en clave de género, junto a organizaciones de sociedad civil no religiosas, espacios políticos varios e inclusive representantes de Estado dentro de dichos organismos.

Podemos resumir, entonces, que más allá de que "lo evangélico" no posea un fuerte enclave territorial en términos políticos institucionales o partidarios, se está transformando cada vez más en un agente que gana piezas en el ajedrez transnacional, especialmente por su capacidad de aportar a nuevas dinámicas socio-políticas en el continente, y otorgando recursos simbólicos y rituales que se ajustan a las demandas por nuevas performances y empatías sociales. Por ende, la capacidad política de ciertos grupos evangélicos con influencia regional, trasciende las formas partidarias y las fronteras nacionales, para ubicarse como actores que saben moverse con mucha facilidad dentro del ámbito de organismos interamericanos, con importante lobby global (gracias a los contactos con ministerios para-eclesiales en otros países) y, desde allí, ejercer presión dentro de disputas hegemónicas en diversos espacios.

En resumen, aunque es difícil hablar de un "enclave político evangélico" en términos partidarios e institucionales

–al menos con pretensiones comparativas, sabiendo que los casos en cada país son muy disímiles–, sí debemos advertir que los mecanismos de incidencia política de algunos sectores en este campo otorgan un capital político muy afín a la coyuntura de mutación de los imaginarios políticos en América Latina en los últimos años, además de proyectarse dentro de niveles transnacionales, donde se están moviendo fichas que, finalmente, terminan repercutiendo en debates claves para las políticas locales, nacionales y regionales.

MANIFIESTO CONTRA EL FUNDAMENTALISMO POLÍTICO EVANGÉLICO

Personalmente, trato de evitar cualquier tipo de categorización arbitraria, más aún en asuntos políticos. Prefiero apelar al diálogo constante, sin juicios a priori, partiendo del hecho de que toda expresión es siempre subjetiva y contingente, especialmente en un contexto democrático que se establece en la búsqueda de consensos transitorios a partir de una sana disputa entre las partes en juego.

Pero hay momentos donde se hace inevitable no pararse y afirmar de frente ciertos juicios que pueden sonar terminantes y hasta pedantes –con todo el riesgo de absolutizar un sesgo–, donde la presión de ciertas circunstancias hace ineludible tomar posicionamientos alternativos frente a propuestas que se presentan insalvables.

¿Cuál es el criterio ético para esta determinación? No el hecho de creer que la posición o juicio particular de uno/a sea la verdad universal a ser cumplida. Por el contrario, parte de la imperiosa necesidad de denunciar voces, posicionamientos socio-políticos y criterios morales particulares que se presentan clausurados y absolutos cuando no lo son, y que en dicho ejercicio interrumpen un desarrollo democrático saludable, que priorice la diversidad y la pluralidad inherentes a nuestras sociedades, y la necesidad de construir instancias de participación, articulación e inclusión, donde todas las partes sean reconocidas y formen parte de un espacio de diálogo.

En este caso, nos queremos referir a diversas expresiones "evangélicas" –o sea, que se presentan como tales aunque no representan el espectro evangélico en su totalidad– que hace tiempo están cobrando un creciente protagonismo en instancias de deliberación política institucional. Brasil, Uruguay, Chile, Perú, Colombia, Guatemala, Argentina, son algunos de los tantos casos que encontramos en América Latina –con todas las variantes entre cada caso– donde grupos de funcionarios se declaran pública y abiertamente evangélicos, vinculando su opción religiosa con ciertas agendas políticas e ideológicas.

I. Evangélicos y conservadurismo

Una mayoría de estos grupos priorizan ciertos temas dentro de su agenda política, ubicando un concepto de familia nuclear como fundamento, a partir de donde se proponen proyectos de regulación del cuerpo y la sexualidad, en temas como género, aborto, homosexualidad, entre otros. No es casualidad que la totalidad de estos sectores provengan de partidos de centro-derecha, con articulaciones entre los sectores sociales y políticos más conservadores de la sociedad.

Sus propuestas se basan en una mirada conservadora, moralista y esencialista del núcleo familiar, partiendo de una concepción reduccionista y patriarcal de lo relacional, lo corporal y lo sexual. Todo lo demás ronda alrededor de estos pilares, evitando así enfrentar problemáticas centrales en nuestros contextos, tales como la pobreza, la injusticia, la desigualdad, la poca intervención del Estado, el aumento de las estructuras represivas, entre otros. Esto, obviamente, se debe a que dichos grupos están relacionados con sectores empresariales, militares y policiales, que precisamente crean estas circunstancias, y para quienes les son funcionales.

II. Tergiversación bíblica y legitimación política

Para estos grupos, la participación política institucional parece ser sólo instrumental o un "medio" que apunta hacia un "bien mayor". En otras palabras, el origen de sus agendas es presentado desde una fuente superior a cualquier tipo de deliberación política, o sea, la Biblia; o peor aún, desde Dios mismo (o mejor dicho, una imagen particular de lo divino). Dicho gesto absolutiza todo posicionamiento particular y obtura cualquier posibilidad de diálogo, al excluir –desde una postura metafísica– cualquier otro posicionamiento, inclusive una instancia de encuentro.

Toda perspectiva política puede ser inspirada en un marco de creencia particular, sea un texto sagrado, el Manifiesto Comunista, el Consenso de Washington o la Doctrina Peronista. Pero en el caso particular del uso del texto bíblico, el problema reside en la metafísica hermenéutica que se utiliza al abordarlo por parte de estos grupos, donde la sacralidad de dicho texto –cosa, además, que no existe y que es ajena a su misma composición– es ubicada como un manto de legitimación que lo coloca por encima de cualquier otro tipo de mediación.

Peor aún –desde una mirada más interna–, dichos discursos distan de la sinceridad y la humildad necesarias para reconocer que existen, además, diversas interpretaciones del texto bíblico. En este sentido, estos grupos no sólo ponen a la Biblia como un marco de sentido cerrado y excluyente, sino que se pondera un conjunto de interpretaciones determinadas como las únicas posibles.

III. Una crítica "tibia"

En este tiempo también vemos voces dentro del mismo espectro evangélico que se levantan con un posicionamiento alternativo, desde una interpretación más dinámica del texto bíblico y con cierta sensibilidad social. Más allá de eso, uno se pregunta dónde están estas voces a la hora de cuestionar las agendas públicas de los grupos que tienden a homogeneizar la cosmovisión política evangélica desde los espacios de poder .

El problema que muchos/as encontramos es que, a pesar de ciertas diferencias cosméticas, el fondo que une a estos grupos es el mismo. Las hermenéuticas siguen siendo igual de cerradas y la cosmovisión social se centra en temáticas económicas que ignoran la dimensión sexual, corporal y afectiva de los contextos sociales, aspecto que evidencia una perspectiva conservadora compartida.

En otras palabras, el supuesto progresismo o posición crítica que dicen sostener como contraposición a perspectivas fundamentalistas , termina siendo funcional a los idearios más conservadores –aunque retóricamente se resistirían a ser relacionados con ellos– ya que comparten las mismas tramas de fondo. Todos/as somos contradictorios/as. Pero aquí la tibieza no pasa por los desencuentros con nosotros mismos sino por la hipocresía de esgrimir un posicionamiento sensible y abierto a las problemáticas de la sociedad como pantalla para ocultar el mismo fundamentalismo que cuestionan.

IV. Hacia una democracia radical desde una visión evangélica

Las llamadas "bancadas evangélicas" son espacios que de "evangélico" tienen sólo un mote institucional con claras intencionalidades electorales, con el objetivo de alcanzar plataformas de poder dentro de la burocracia política. Usan ese espacio, no para ubicarse como una voz particular más dentro del espectro político –para lo cual tienen todo el derecho– sino que su discurso y práctica se presentan absolutas, con aires de superioridad (dadas desde lo "alto") frente a otras voces (salvo que comulguen con sus perspectivas políticas, lo que da un manto de sacralidad a voces partidarias y otros sectores sociales –como dijimos– militares, conservadores, fundamentalistas, etc.)

·72·

En resumen, estos grupos no aportan a una sana práctica democrática. Tener una creencia y una voz particular que dialogue con las demás, es totalmente aceptable. Pero legitimar dicho posicionamiento desde un lugar de sacralidad, proyectando toda subjetividad a Dios mismo, representa un tipo de totalitarismo soslayado (¡y no tanto!) Significa usar la fe, la iglesia, la Biblia y lo divino como plataformas de poder.

Democracia significa abrir un espacio de diálogo, donde todas las partes se muestren falibles frente a las demás. Sin ese posicionamiento, no existe posibilidad de intercambio para construir un espacio público donde se debata en torno a las demandas del pueblo. Como pasa en cualquier familia, hay cosas que no gustarán a todos los miembros a la hora de llegar a ciertos acuerdos. Pero eso significa convivir: aceptar las diferencias. Eso es ser humanos con derecho a la palabra y la acción. Estos valores democráticos están muy lejos de la agenda de muchos sectores evangélicos posicionados en el poder, donde sus prácticas y discursos anulan todo tipo de pluralidad.

El Evangelio no viene adjunto a una lista de prerrogativas morales. Si las hay, tengamos la humildad de reconocer que fuimos nosotros quienes la escribimos desde nuestra interpretación particular. Sí encontramos un tipo de ética que Jesucristo mismo reflejó: el amor al prójimo como punto de partida de cualquier práctica social, cultural, económica, política y religiosa. Jesús se resistió a toda absolutización moral y dogmática por parte del Imperio Romano y al liderazgo religioso que intentó poner una máscara por sobre la vida y el sufrimiento del otro.

Como evangélicos, debemos denunciar estos proyectos políticos que intentan imponer agendas morales, queriendo administrar la vida privada. Reclamar que lo que estos grupos desean imponer no son más que proyectos particulares, de partidos específicos (con perspectivas ideológicas específicas), y que no representan a todo el espectro evangélico. Debemos denunciar que la fe va por otros caminos (¡y que son muchos!) y que la iglesia no debe ser utilizada como plataforma de intereses políticos particulares.

TEOLOGÍA DE LA FALACIA

Ya no podemos decir que el compromiso político de las iglesias evangélicas en el continente latinoamericano es una cuestión de simple casualidad. En realidad, ni ellas mismas lo ven así, ya que entienden su "nueva" vocación como una puerta abierta por Dios mismo. Tampoco podemos aludir a un actor inocente que se mueve sólo porque le dan cámara. Más bien la busca, y sabe muy bien cómo hacerlo. Los niveles de profesionalización y *lobby* (término que no les agrada mucho utilizar ya que suena demasiado "mundano"; prefieren decir que es Dios quien pone la gente delante en el momento oportuno), han hecho que sujetos vinculados directamente con iglesias cristianas –especialmente evangélicas– alcancen una notoria presencia en discusiones parlamentarias e inclusive en instancias de diálogo dentro de la Organización de Estados Americanos (OEA) y el sistema interamericano.

El surgimiento de las iglesias como una voz política resonante tampoco es un fenómeno aislado. Por el contrario, representa la cristalización de un proceso que venimos viviendo en la región hace al menos veinte años, a partir de la puesta en escena de varias temáticas socialmente sensibles, como son el matrimonio igualitario, la interrupción voluntaria del embarazo, la educación sexual inclusiva, la identidad de género, entre otras. Todas estas temáticas están ligadas, según sus detractores, a esos crueles demonios como son la izquierda, los populistas, los comunistas, las feministas, y tantas etiquetas más. Etiquetas que son utilizadas como excusas para no reconocer que dichos asuntos representan demandas sociales y populares que merecen ser tratadas por el simple hecho de que existe un colectivo que reclama por sus derechos.

La iglesia, entonces, emerge como un actor fundamental para confrontar este conjunto de agendas que hacen ruido hacia dentro de diversos grupos sociales, organismos religiosos, partidos políticos y organizaciones civiles. Este aspecto analítico es central para comprender la actual coyuntura evangélica:

no estamos hablando de un agente que se hace notar por un simple asunto cuantitativo (es decir, porque representa a un número importante de ciudadanos/as), sino porque responde más eficientemente a las demandas de algunos grupos que lo ven como un sujeto histórico que permite articular desde lo simbólico –es decir, desde lo que la gente cree como propio, como legendario, como ancestral, como indiscutible– un conjunto de problemáticas que otros actores tradicionales quisieron monopolizar –iglesia católica, partidos conservadores o de derecha, etc.– pero no lograron hacerlo eficazmente. La iglesia evangélica, entonces, se levanta como un agente de confianza en una coyuntura de gran inestabilidad, tensión social y desconfianza en la política tradicional.

Un ejemplo de lo que estamos hablando se pudo ver durante la última asamblea de la OEA, llevada a cabo entre el 3 y 4 de junio de 2018 en Washington. En el marco de dicho encuentro, se realiza el "diálogo" entre el Secretario General del organismo, Luís Almagro, jefes de delegaciones nacionales y diversas Coaliciones conformadas por organizaciones de sociedad civil, quienes expresan sus reclamos y lecturas a partir de diversas configuraciones identitarias. Las Coaliciones se articulan a partir de diversos temas de interés; por ello, encontramos algunas con enfoque desde grupos afrodescendientes, comunidad LGBTIQ, mujeres, religiones, grupos indígenas, entre otros. En esta ocasión no hubo una temática central, por lo que se pidió a las organizaciones elaborar sus insumos sobre los tres pilares de la OEA, como elementos de análisis en el 70 aniversario de la institución.

La presencia autodenominada "evangélica" fue notoria en esta ocasión. De los 22 exponentes, tres de ellos se identificaron con esta expresión religiosa. Las coaliciones a las que pertenecían eran compuestas tanto por iglesias como por organizaciones basadas en la fe. Los reclamos, los mismos de siempre: en contra de la despenalización del aborto, en contra de la llamada "ideología de género", en defensa de la familia tradicional y a favor de una educación sexual restringida sólo a los padres.

Ahora bien, analicemos algunos ejes en común que presentan estos discursos. Me gustaría presentarlos a partir de algunas "falacias" que podríamos identificar.

1. La falacia intervencionista

Varias de las coaliciones representantes de estas agendas afirmaron que tanto la OEA como la Comisión Interamericana de Derechos Humanos (CIDH) "han perdido su razón de ser" ya que están "interviniendo" en asuntos de Estado nacional, "imponiendo" ciertas agendas por sobre otras, es decir, aquellas que plantean la búsqueda de legislaciones inclusivas e igualitarias.

Este planteamiento presenta varios errores y peligros. Primero, la OEA y la CIDH nunca "intervienen" ya que las recomendaciones que se dan pueden asumirse desde diferentes instrumentos internos, como políticas públicas generales o directrices ejecutivas particulares, mecanismos que son previamente convenidos en un marco de acuerdo entre Estados. Por supuesto que puede haber sanciones hacia dentro del organismo, pero es imprudente e incorrecto sugerir una "imposición". Si hay algún problema con como cada país asume los planteos de los organismos multilaterales, ello responde a una amplia dinámica que involucra a todas las partes como parte de un acuerdo político. Pero no se puede hablar de imposición. Dicha acusación refleja una falacia, una mentira, que sólo sirve para desprestigiar los extensos y democráticos procesos que se han dado lugar desde la sociedad civil y diversos grupos políticos a partir de estos organismos, para tratar ciertas temáticas que los Estados no están dispuestos a abordar, a pesar de la importancia que tienen para la sociedad y donde su evasión implica una violación directa de los derechos humanos.

Además, ¿no es un poco contradictorio cuestionar el funcionamiento de los mecanismos de participación de la OEA y el sistema interamericano, mientras es ese mismo espacio el que posibilitó, gracias a sus dispositivos democráticos, la participación de los mismos sectores que están haciendo este reclamo? ¿Es decir que acuden a una instancia de diálogo multilateral para realizar sus descargos, pero cuestionan la legitimidad que tienen otros actores y temas desde el mismo mecanismo que posibilitó su participación? Lo más delicado es que lo hacen en nombre de la "autonomía de los asuntos nacionales". Esto y cierto nacionalismo sesgado y utilitarista, penden de un hilo...

2. La falacia anti-ideológica

Casi en coro, estos grupos hablan de la intervención de ciertos "discursos ideológicos" para el tratamiento de algunos temas. Ahora, si el "otro" es el ideológico, ¿yo qué soy? ¿Quiere decir que el otro habla desde un sesgo subjetivo, mientras yo hablo desde un marco de verdad carente de intereses particulares? Aquí la siguiente falacia: cuestionar desde la creencia de la no contingencia. Esto responde a una comprensión sumamente reduccionista –y agregaría peligrosísima– de lo que significa la dimensión plural inherente a un espacio democrático, donde se desconoce que todos/as partimos irremediablemente desde ideologías y puntos de vista específicos, y es en la deliberación con los demás –no necesariamente pacífica, ya que siempre hay un grado de tensión y sano conflicto– donde creamos una instancia democrática de acuerdos y legislaciones desde una representatividad plural.

3. La falacia cientificista

Al parecer todos los problemas medievales en torno al encuentro entre ciencia y religión se desvanecieron de un plumazo gracias a estas discusiones. Ahora, las perspectivas políticas presentadas por estos grupos son legitimadas con la famosa muletilla: "esto lo dice la ciencia". Se menciona casi como una fórmula mágica que pretende anular cualquier tipo de discrepancia. Como si ahora la ciencia dijese la verdad sobre todo, o como si tampoco existieran extensos e interminables debates hacia dentro del mismo campo científico sobre los temas en cuestión.

La idea de levantar la bandera del cientificismo es plantear una visión exacerbadamente positivista, con el sólo objetivo de apoyar posiciones propias como incuestionables desde la "eternidad biológica" (la cual, "obviamente", proviene de Dios mismo como creador), mientras los adversarios hablan desde la pasajera, intencional, fútil y efímera ideología (que yo ellos dicen no poseer). La ciencia y Dios se transforman en los grandes garantes del "sentido común" (es decir, "mi" punto de vista), mientras la deliberación política queda sumida en un espacio secundario. Otra falacia más: negar que somos todos/as quienes partimos de una frontera ideológica para plantear cualquier lugar político, y que el espacio público es precisamente la instancia donde dichos posicionamientos se encuentran para deliberar.

4. La falacia de la discriminación

Llama la atención que varios de estos sectores manifestaron sentirse "discriminados" por las demás agrupaciones. Aquí ya nos adentramos al campo de lo perverso. Es decir, históricamente se discriminó al homosexual, al indígena, a la mujer, y ahora resulta que la sola presencia de estos actores, más aún en un espacio regido por las dinámicas del diálogo democrático, implica una discriminación frente a quienes no estén de acuerdo con ellos. Esto es el mejor ejemplo de la manipulación del discurso democrático.

Además, otro gran elemento: las demandas inclusivas no piden la anulación del otro. Dicho brutalmente, no están "obligando" a quienes no acuerden a ser homosexuales, a abortar, a cambiar su identidad de género. Simplemente piden ser escuchados y reconocidos en sus derechos y reclamos. De aquí, entonces, ¿quién discrimina a quién? Si se habla de las "verdades biológicas" como excusa para no aceptar al otro/a en su condición humana, ¿no es acaso promover una postura discriminatoria? ¿Acaso no es contradictorio aducir sentirse discriminado y promocionar una postura política cuya base es la anulación de la dignidad del reclamo ajeno? Más falacias…

—

En resumen, muchos grupos evangélicos han logrado ser muy astutos en posicionarse en el espacio público pero sus discursos hacen agua por doquier al analizarlos desde una comprensión democrática de la vida social. Entiéndase que cuando hablo de "falacia", no me estoy refiriendo al reclamo en sí de estos sectores ya que, aunque podamos estar en desacuerdo, ellos están en todo el derecho de levantar su voz. Lo falaz se evidencia, más bien, en la forma de argumentar y respaldar sus puntos de vista: la crítica ideológica, el uso del positivismo científico y la crítica al sistema interamericano son vías anti-políticas y anti-democráticas, ya que su utilización refleja un esfuerzo político por no debatir con el otro/a desde las demandas concretas sino simplemente anular su legitimidad y derecho.

Por eso hablo de una teología de la falacia. Estos argumentos supuestamente "no religiosos", en el fondo no hacen más que respaldar un conjunto de elementos sumamente enraizados en las prácticas teológicas cristianas conservadoras: la inmutabilidad de Dios desde un concepto clausurado de su manifestación, que responde a una única lectura de la Biblia como libro sagrado, donde la diversidad de posibles interpretaciones es rechazada de plano por oponerse a los discursos hegemónicos (es decir, cuestionar el orden), entendidos como Verdad revelada (inclusive desde una dimensión biológica), y sostenido en una agenda valórica particular como representación única de la práctica de fe.

Hoy, lamentablemente, no podemos ser benevolentes y dejar de reclamar que muchos sectores evangélicos están actuando falazmente y coqueteando con modos de argumentación anti-democrática. Mientras más tensen la línea, habrá más polarización y menos diálogo. De esto a la legitimación de prácticas totalitarias para defender el "sentido común" impuesto y la supremacía de "lo dado" (biológica, social y espiritualmente), hay un pequeño y muy peligroso paso.

LOS LÍMITES DE LA INCIDENCIA EVANGÉLICA

Los análisis sobre las prácticas políticas del campo evangélico en América Latina se multiplican con el paso del tiempo. Por momentos, parece que los acontecimientos van más rápido de lo que los cronistas alcanzan a concluir sobre un fenómeno que, aunque nada novedoso, parece provocar sorpresas frente a las acostumbradas maneras de ver a la iglesia actuar políticamente. Sin lugar a dudas, las comunidades evangélicas son un actor que está provocando extrañezas y desconciertos, tanto por ser un agente hasta hace no mucho tiempo exógeno a estas prácticas, como también por su forma de adquirir, poco a poco, los peores vicios de la política tradicional.

Pero como siempre sucede en estos negocios, los "ruidos" y números no siempre son un correlato de eficacia política. Al menos desde una perspectiva de coherencia democrática. Esto lo podemos ver, por ejemplo, en el hecho de que la visibilización de ciertas voces evangélicas en el espacio público de algunos países (lo vimos recientemente en Colombia y Costa Rica) no ha logrado un correlato cuantitativo en términos de resultados electorales de grupos o candidatos afines o directamente autoproclamados evangélicos. Esto quiere decir que la variedad de prácticas políticas de algunos grupos no dejan de mostrar inconsistencias a la hora de evaluar sus resultados concretos.

Si hurgamos un poco en las prácticas y discursos de los sectores evangélicos más visibilizados en algunos países o en instancias de política regional, encontraremos algunos elementos que ponen en evidencia las limitaciones que dan cuenta de este escenario.

1. La falacia del pensamiento único evangélico

Una de las malas costumbres de algunos grupos es hablar en nombre de TODO el espectro evangélico. Más allá de las "mayorías" que podamos identificar, es una falacia afirmar que esta expresión religiosa posee una visión homogénea. Es decir, la iglesia evangélica no tiene un pensamiento uniforme sobre nada. Pero menos aún en torno a temas políticos, especialmente aquellos sensibles vinculados a sexualidad, educación, género, familia, corporalidad, políticas públicas, diversidad religiosa, entre otros.

Esta falacia merece ser cuestionada desde varios frentes. Por un lado desde el político, donde se evidencia una actitud poco democrática al hegemonizar un discurso particular dentro del espacio público en nombre de todas las expresiones denominacionales o identitarias, y donde el liderazgo que pretende visibilizarse políticamente, instrumentaliza a la feligresía para intereses propios. Por otro lado, también merece un cuestionamiento teológico, ya que se cae en un profundo error al hablar en nombre de Dios a partir de lecturas excluyentes del texto bíblico o los dogmas, especialmente en la búsqueda de legitimaciones religiosas sobre temas coyunturales.

Responde a una actitud sanamente democrática el reconocer que cada sector político realiza un reclamo –el cual merece, como todos, ser considerado dentro de un debate político– desde un posicionamiento particular, a partir de lecturas sesgadas (como todos/as tenemos), sin caer en una actitud constantiniana, típica de los vicios de poder de la iglesia-institución, de ser voz de la totalidad, sin reconocer las existentes y profundas tensiones y discrepancias hacia adentro mismo del espectro evangélico.

2. Argumentaciones universales

La gran diferencia entre una argumentación política y otra, no es tanto lo que se intenta defender (todos/as tenemos derecho a reclamar desde nuestra particularidad y lo que creemos es una necesidad social, siempre y cuando no vulnere consensos mínimos de convivencia), ni siquiera en cómo se sostiene el objeto de defensa/reclamo (siempre encontraremos por dónde hacerlo, aunque obviamente existen diferencias en las maneras de evaluar una fundamentación según el caso), sino en que su construcción refleje una lógica democrática, es decir, que utilice modos de argumentación que habiliten el diálogo y no absolutice un lugar específico; donde se comprende lo político como un acuerdo desde la contingencia de todas las voces.

Los discursos demuestran modos de argumentación cuestionables en términos de un ambiente democrático saludable cuando: hablan en nombre de "LA verdad"; arguyen desde perspectivas morales, teológicas o históricas incuestionables, y no desde el estado de derecho; condenan una supuesta relatividad ética en el adversario, sin reconocer la propia; parten de valores únicos e irrefutables; dicen fundamentarse en marcos esenciales y universalizables para todos los casos y circunstancias, focalizados en el principismo (moral, social, político, científico, etc.) y no en la deliberación por políticas públicas focalizadas. Lamentablemente, muchos grupos evangélicos que participan de debates públicos responden a este vicio teológico medieval de hablar desde escencialismos teológicos, ahora "secularizados" en ropajes (pseudo)científicos y políticos.

3. La administración del cuerpo

Ya es harto cuestionado el hecho de que muchos grupos, organizaciones y federaciones evangélicas se movilizan mesiánicamente en torno a temáticas que disputan con conceptos tradicionales sobre la sexualidad, el cuerpo, la familia, etc., mientras hacen completa omisión y silencio sobre problemáticas sistémicas, relacionadas con la injusticia económica, la pobreza, la desigualdad, la explotación de grupos vulnerables, la violencia de género, entre otros más. Más aún, la obsesión con estos temas no parte tanto de un sentido de política pública o de derechos, sino de control y administración a partir de concepciones esencialistas sobre dichas áreas.

Nuevamente, estos grupos evangélicos poseen un concepto sumamente estrecho de la incidencia y las problemáticas sociales mientras continúen cegados en actuar sólo a partir de estas preocupaciones. No es porque ellos no sean importantes; todo lo contrario. Pero la falta de una visión integral, en términos de derecho, justicia y vulnerabilidad social, hace que dichos reclamos disten de ser fundamentados en un marco de bienestar social; más bien, se pone de manifiesto una intencionalidad monopólica en nombre de agendas valóricas.

4. La des-ideologización de las prácticas políticas

Muchos de estos grupos sostienen el siguiente discurso: "nosotros apoyamos 'x' partido, no porque estemos de acuerdo con su ideología, sino porque ellos responden a nuestra postura sobre ciertos temas". Más allá de la verdad que puede tener esta afirmación, lo que se esconde de fondo es una especie de "des-politización" de la acción de estos grupos (muy típica de las lógicas neoliberales y de derecha, con su discurso del "buen vecino" y su cuestionamiento a los "sesgos ideológicos" de la izquierda), cuyo accionar se inscribe en una dimensión de sacralidad, moralidad y religiosidad que –supuestamente– trasciende el "barro" de la práctica política. Más aún, se ve la política institucional sólo como un instrumento ("el fin justifica los medios").

Nada más lejos de la realidad, cuando el accionar de estos sectores evangélicos, que prefieren hablar de valores y no de política, demuestra una gran capacidad de negociación discursiva, de articulación partidaria y de trabajo de lobby, los cuales revelan una creciente formalización en el ámbito de la práctica de la incidencia. Otra gran falacia: mostrarse como actores fuera del campo político (hasta a veces, como "víctimas" del mismo), cuando por "detrás" arman estrategias muy bien focalizadas.

—

No he querido evaluar la validez o no de reconocer a "la iglesia evangélica" como un actor político. No pretendo hacer ningún paralelo entre lo evangélico y una figura política institucional. Sí creo que, en tanto expresión identitaria de un sector socialmente importante, posee los mismos derechos de participar en debates por el bien común, a la misma altura que otros. Muchos grupos lo han venido haciendo, y de aquí la posibilidad de cuestionar sus *modus operandi*.

En resumen, los grupos públicamente más visibles que hablan en nombre de "lo evangélico", más allá de su creciente influencia en términos formales, están promoviendo una visión sumamente reduccionista de lo político, de lo democrático y de la lucha por el bienestar social, al fundamentar sus demandas desde una visión social estrecha, apelando a operaciones argumentativas cuestionables en términos democráticos y siendo utilitaristas al manipular la opinión pública evangélica (la cual no existe ni es unívoca). De seguir así, se continuará alimentando el estigma sobre lo religioso (más concretamente sobre lo cristiano) como una voz que poco aporta a un ambiente democrático saludable e inclusivo, y que lo único que trata de hacer es imponer agendas en nombre de posicionamientos particulares que no atienden a las crecientes demandas sociales sino a pretensiones morales.

COYUNTURAS

LOS INDIGNADOS:
UNA NUEVA OPORTUNIDAD DE REDEFINIR LO POLÍTICO

El fenómeno de "los indignados" se expande cada vez más por diversas partes del mundo. Denominado como tal, comenzó en España a través de multitudinarias movilizaciones y asambleas populares convocadas para reclamar una respuesta frente a la profunda crisis socio-económica que dicho país atraviesa, al igual que buena parte de las naciones que componen la Unión Europea. Inspirados por la breve pero contundente obra "¡Indignaos!" del francés Stéphane Hessel, estos heterogéneos conglomerados demandan que los modelos políticos vigentes (sean del lado que fuese) ya no funcionan. "Son todos iguales", exclaman.

Primero en España, luego en Israel y en diversos países de Europa, y ahora en EEUU con las crecientes manifestaciones frente a Wall Street y en distintas ciudades. Las revueltas populares también se expanden hacia diversos lugares, muchas veces sin el nombre propio de "indignados": las multitudinarias marchas estudiantiles en Chile y la cadena de protestas en diversos países de Medio Oriente cuestionando los regímenes políticos en el poder, son otros ejemplos de este polvorín que caracteriza los tiempos que corren.

Todos estos movimientos reflejan la indignación frente a aquellos modelos, sistemas e ideologías que se han presentado por décadas como respuestas absolutas a los males que nos asedian: el libre mercado, la neutralidad del ejercicio electoral, ciertas formas institucionales del Estado moderno, las polarizaciones ideológicas entre derecha e izquierda, entre otros. No por nada el pequeño manifiesto de Stéphane Hessel hace un recordatorio de la Resistencia en Francia contra la política nazi, solicitando especialmente a los jóvenes que se indignen y resistan los tipos de totalitarismos que rigen nuestro tiempo, como los recién mencionados.

Podríamos extraer muchas conclusiones de este panorama. Pero me gustaría resaltar algunos elementos, especialmente en lo que refiere a aquellas enseñanzas con respecto a cómo definimos lo político hoy día en esta coyuntura particular. En primer lugar, todo esto nos muestra que el poder no es un objeto perteneciente exclusivamente a un grupo social determinado sino, como ya lo dijo Michael Foucault, es un ejercicio circulante y en constante movimiento. En este sentido, es necesario deconstruir aquellos imaginarios socio-políticos maniqueos que determinan a una mayoría al dominio de una minoría, que dividen todo espectro social entre dos supuestos polos (derecha/izquierda, opresores/oprimidos), que reflejan la geopolítica del mundo entre países centrales y periféricos. Con esto no queremos negar la existencia de tales elementos, sino más bien cuestionar la comprensión del ejercicio del poder sólo desde estas lecturas deterministas. Los estallidos sociales que hemos mencionado reflejan esto mismo: no existe un poder omnímodo que clausura las conciencias y los cuerpos; la resistencia siempre es posible, desde los espacios, gestos y movimientos más inesperados.

En segundo lugar, hay que recuperar la dimensión heterogénea de lo político. Este desencanto por parte de "los indignados" con respecto a las instituciones tradicionales de la política, nos mueve a reforzar el hecho de que lo político se juega en la interacción de un sinnúmero de sujetos, grupos, movimientos, organizaciones, etc. El ejercicio de lo político no está determinado exclusivamente bajo el marco del "Estado nacional" o los partidos. **Más bien representa ese movimiento constante de construcción de lo identitario que instituye todo grupo social, que proyecta su intrínseca heterogeneidad en un movimiento que cuestiona toda instancia de poder que intenta mostrarse homogénea y portadora de la Verdad absoluta.** Esto es lo que la modernidad nos ha dibujado con sus leyes de progreso, que llevarían a todas las naciones del mundo al paraíso de Occidente. Todo eso falló. No ahora, sino hace ya mucho tiempo.

Con este mismo cuidado debemos leer la obra mencionada de Stéphane Hessel. Más allá de su riqueza, la insistencia en volver a los "valores universales" de la Justicia, la Democracia, la Igualdad, conllevan el riesgo de la ingenuidad con respecto a su definición concreta, cuyas consecuencias ya hemos sufrido. Occidente, desde su parcialidad y tal vez con "buenas intenciones", ha sido el marco desde donde se ha dado sentido a tales instancias, dejando de lado otras cosmovisiones y prácticas. No podemos escapar del hecho de que nociones tales como lo democrático, la justicia y la igualdad siempre se comprenden desde un lugar concreto. El problema comienza cuando dicha interpretación o abordaje particularizado se absolutiza para todos los casos y contextos. Dicho error lo han cometido todos los espectros políticos, desde la derecha hasta la izquierda.

De aquí que tales principios deben permanecer abiertos, como marcos que ciertamente son "universales" para la "humanidad", aunque sabiendo que estos últimos son instancias que se encuentran en constante construcción debido a que son representaciones de una heterogeneidad de sujetos, discursos e instituciones que distan de darle un único sentido. Por el contrario, redefinen constantemente su significado según los movimientos, las circunstancias, las demandas y los contextos. Precisamente allí reside su "universalidad": en posibilitar una pluralidad de reapropiaciones y múltiples acciones.

Heterogeneidad de lo político y circulación del poder son dos elementos componentes de nuestra existencia como sociedad. Ahora, requerimos darle un giro a esta comprensión: ellas no deben ser simples muestras descriptivas de una realidad, sino hay que asumirlas como instancias constitutivas de nuestro ser como humanidad y como grupos sociales. En otros términos, **el fin de los totalitarismos no llegará con la creación de un modelo alternativo con la misma esencia en términos de fronteras identitarias sino con la creación de un espacio que permita la circulación del poder y donde las voces que imprimen lo heterogéneo de nuestras sociedades sean escuchadas, para que así se cuestione todo poder que pretenda una centralidad absoluta y también se deconstruyan aquellos imaginarios socio-políticos herméticos que frenan el necesario proceso de constante redefinición social.**

Lo que está sucediendo en estos días es una nueva oportunidad que la historia nos da para cambiar el rumbo de las dinámicas políticas. "Los indignados" son la plasmación de que los modelos políticos y las comprensiones ideológicas vigentes continúan en crisis y no responden a las demandas del global, heterogéneo y posmoderno contexto en que vivimos. Debemos cuidarnos de no blanquear superficialmente aquello que nos ha llevado a la crisis actual. Asumir la heterogeneidad de lo político implica un cambio en nuestros discursos absolutistas y deterministas, a ver la complejidad de los procesos sociales, a comprender que nuestros posicionamientos requieren ser relativos y pasajeros, para así facilitar la inclusión y permitir el flujo constante del poder y el necesario cuestionamiento de todo aquello que se presenta como respuesta. **Que la indignación se proyecte de una coyuntura histórica determinada a una actitud de revisión constante de nuestros ejercicios políticos.**

LA DELGADA LÍNEA ENTRE LA FE Y LA VIOLACIÓN DE UN AMBIENTE DEMOCRÁTICO

El 5 de marzo de 2018, el Tribunal Supremo de Elecciones (TSE) de Costa Rica ordenó a la Conferencia Episcopal Nacional de Costa Rica y la Federación Alianza Evangélica Costarricense, a través del amparo Nº 1375-E1-2018, a "abstenerse de realizar manifiestos públicos que, directa o implícitamente, representen un llamado (apoyado en razones o símbolos religiosos) a votar por ciertos partidos o a abstenerse de hacerlo por otros (aunque no se identifiquen pero resulten identificables) según coincidan o no con las posiciones asumidas por las organizaciones recurridas". Dicho fallo responde a un conjunto de denuncias presentadas hacia ambas agrupaciones, a partir de las declaraciones del Monseñor Manuel Eugenio Salazar Mora, presidente de la Comisión Nacional de pastoral familiar de la Conferencia Episcopal, sobre temas de coyuntura política, como también del desarrollo de diversos eventos organizados por las iglesias en cuestión, los cuales tuvieron un fuerte cariz político, a saber, la *II Caminata por la Vida y la Familia* (hecho reconocido por el municipio, realizado el 03 de diciembre de 2017), la convocatoria de candidatos presidenciales por parte de la Conferencia Episcopal y la Federación Evangélica a un "encuentro de oración" por el proceso electoral entre el 12 y el 15 de enero de 2018, y la celebración de la *Jornada de oración por Costa Rica* el 18 de enero de 2018, también convocado por ambas instituciones, donde se leyó un "manifiesto conjunto" en el cual se tomó posición sobre cinco ejes: el valor de la vida, la familia, la paz, la justicia y las elecciones

La particularidad de este fallo llama poderosamente la atención ya que existen pocos antecedentes en la materia. Es decir, se emite una sentencia donde diversas prácticas eclesiales, que pretenden ubicarse más bien en la órbita de un reclamo moral, son analizadas y calificadas de manera contundente a partir de un marco legal que interpela sobre el peligro de sus implicancias socio-políticas, especialmente en el campo del respeto de la libertad de expresión y de decisión, más aun teniendo en cuenta que todos estos dichos y sucesos se inscriben en medio del proceso electoral del país.

Pasemos a analizar algunos puntos del fallo. El mismo se sustenta en el artículo 28, párrafo tercero, de la Constitución Política costarricense, donde "se proscribe que *clérigos o seglares* puedan hacer, en forma alguna, propaganda política *invocando motivos de religión o valiéndose, como medio, de creencias religiosas,* lo que introduce una deliberada limitación a la 'libertad de expresión' en busca de evitar que se invoquen motivos religiosos para influir en la voluntad de los ciudadanos en el ámbito político-electoral y que ello ponga en riesgo el libre ejercicio del sufragio".[1] Luego se afirma que este parámetro puede ser interpretado bajo ciertas "excepcionalidades" que tengan que ver con la interpretación de las acciones del sujeto en cuestión ("por sus circunstancias particulares, reiteración o intensidad", dice el fallo), por lo cual el Tribunal da lugar a los reclamos presentados ante estas instituciones.

Uno de los argumentos en los que se sostiene el fallo es en la extensión del cristianismo dentro de la sociedad costarricense. El texto afirma que esta expresión religiosa llega al 84% de la ciudadanía, lo cual pone de manifiesto que constituye un espacio de gran relevancia e incidencia. Y es por esta razón que las iglesias cristianas "presentan condiciones para exhibir una posición que les convierte en referente de esas orientaciones religiosas con innegable influencia y posición frente a la comunidad de fieles católicos o evangélicos, según corresponda".

Dicho lugar de legitimidad y representatividad, hace que las iglesias cristianas se transformen en instancias de gran influencia en términos de inducir votos, sea de forma directa –es decir, que invite explícita y abiertamente a votar por algún candidato o partido en especial– o indirecta –dando un marco general de juicio, donde las personas deban considerar un

---

1 Texto completo del artículo: "ARTÍCULO 28.- Nadie puede ser inquietado ni perseguido por la manifestación de sus opiniones ni por acto alguno que no infrinja la ley. Las acciones privadas que no dañen la moral o el orden públicos, o que no perjudiquen a tercero, están fuera de la acción de la ley. No se podrá, sin embargo, hacer en forma alguna propaganda política por clérigos o seglares invocando motivos de religión o valiéndose, como medio, de creencias religiosas."

conjunto de prerrogativas para construir su opinión. Aquí el fallo remite a algunos dichos emitidos durante los encuentros, diciendo lo siguiente: "En ese contexto, invitar a los cristianos a ejercer el sufragio 'meditando [el voto] delante de Dios y de sus conciencias', al tiempo en que externaban su postura frente a temas polémicos que han sido de especial interés durante el proceso electoral [aquí se refiere específicamente a las opiniones vertidas con respecto a la llamada "ideología de género"], sí tenía el alcance necesario para inducir e influir –en un colectivo ciudadano de sólida raigambre religiosa– a votar por ciertos partidos o a abstenerse de hacerlo por otros (aunque no indicados en el texto, plenamente identificables por el elector) –según coincidan o no con las posiciones asumidas por las organizaciones recurridas–, debilitando la posibilidad de los creyentes de reconocer y confrontar críticamente esa influencia y, más aún, de reaccionar y defenderse ante la misma, lo que introduce un factor distorsionante en el delicado equilibrio democrático."

Esto se explicita aún más, como afirma el fallo, en el hecho de que el contenido del *Manifiesto* se dirige a "los candidatos a puestos de representación popular", a los "cristianos", a "todos los ciudadanos" y a "toda la opinión pública", "lo que implica –sigue diciendo el texto– que el mensaje difundido revestía condiciones idóneas para repercutir –en forma colateral– en toda la población y no solo en los miembros de la comunidad católica o evangélica que estuvieron presentes en el lugar". En este sentido, llama mucho la atención cómo el fallo remite también al impacto que tiene la utilización de ciertos discursos teológicos en medio de un contexto donde se está apelando a temas vinculados a lo público. Dice: "[el mensaje difundido en uno de los encuentros de oración] mezcla términos propios de la actividad político electoral y expresiones religiosas que, al conjugarse, representaron -por su connotación e impacto- una amenaza para el libre ejercicio del sufragio y, en específico, para aquellos electores que profesan la fe católica y la evangélica (en cualquiera de sus manifestaciones), libertad que debe ser protegida frente a cualquier influencia religiosa." Más contundentemente se expresa el fallo con la siguiente frase: "Es un hecho público y notorio que, para los fieles cristianos, Dios es *omnipresente* y *omnisciente*; por ello, la conciencia les indica que deben actuar de acuerdo a las enseñanzas y mandatos de la fe."

En otras palabras, el fallo sostiene que al vincular estas perspectivas políticas desde una comprensión particular sobre Dios, se incurre en una posible legitimación, entendida como resultante de una fuente absoluta que carece y resiste cualquier crítica histórica o subjetiva. Plantear un discurso político desde un marco teológico conlleva, por ende, absolutizar un punto de vista, descartando posibilidades de diálogo y cuestionamiento.

En resumen, el fallo plantea que a pesar de que no haya existido una violación directa de la libertad de decisión de las personas llamando a votar por un candidato o partido en particular, las iglesias en cuestión sí ingresaron en perjuicio al plantear un marco general de opinión en términos ideológicos, morales y cosmovisionales con respecto a cuáles son los elementos que deben tenerse en cuenta para los posicionamientos personales. El tema se agrava aún más al considerar que quien está detrás de estas opciones personales son líderes religiosos con gran poder de influencia, e inclusive Dios mismo, como marco legitimador.

Este fallo merece ser analizado en profundidad. Mientras tanto, me gustaría dejar dos inquietudes que surgen de este superficial examen realizado. Por un lado, *las comunidades religiosas deben, de una vez por todas, tener en cuenta el impacto público que tienen sus dichos y prácticas*, no sólo hacia dentro de las comunidades sino, como afirma el texto, hacia toda la sociedad. Al posicionarse públicamente, ingresan también bajo la égida del propio campo de lo jurídico, por lo cual pueden ser enfrentadas en términos legales. En casos similares, suele suceder que las iglesias se sienten "discriminadas" o "perseguidas" por este tipo de sentencia. Lejos de ello, estos hechos muestran que las comunidades eclesiales siguen ignorando que son agentes sociales con un gran peso político (especialmente debido a su extensión e influencia, como plantea el fallo) y, al entrar en el campo de las opiniones políticas, deben ser medidos con la misma regla que otras instituciones sociales.

El fallo deja claro que si una comunidad religiosa realiza una manifestación pública, sus dichos y prácticas dejan de ser sólo una expresión identitaria particular, para entrar en las complejas dinámicas del espacio público y sus reglamentaciones. Ergo, todo discurso teológico y religioso es en sí mismo un discurso socio-político (sea desarrollado hacia dentro de las comunidades como hacia la sociedad en general), y no sólo dogmático o doctrinal. Las iglesias tienen que ver con gente; por ende, con dinámicas políticas y ambientes democráticos. En este sentido, tal como el fallo ejemplifica, oponerse a ciertos partidos, candidatos o proyectos de ley –como las circunscriptas bajo el slogan de "ideología de género"– dejan de ser un simple posicionamiento moral particular, para ser idearios en disputa dentro del espacio público, junto a otros agentes, y por ende, circunscripto a las propias disposiciones institucionales, legales y políticas determinadas por un ambiente democrático.

Pero en segundo lugar, *el mismo fallo presenta algunos reduccionismos y fronteras difusas vinculadas con el desconocimiento del propio campo religioso, o al menos a ciertos prejuicios respecto al mismo.* Por ejemplo, surge una pregunta: ¿por qué las comunidades religiosas presentan cierta "excepcionalidad" en torno a la emisión de juicios, preferencias políticas o ideológicas, al ser comparadas con otro tipo de agentes sociales o discursos dentro del espacio público que realizan las mismas declaraciones? ¿Qué diferencia hay en el fondo entre una iglesia que utiliza el púlpito para hablar de un candidato o de un tema social particular, y un panel organizado por una organización social que cuestiona explícitamente a un candidato o partido? Más aún, ¿acaso no se asienta a cierta lectura teológica errada al atribuir la mención de Dios como una especie de posicionamiento metafísico con respecto a las opiniones políticas? (Es decir, en eso hay completa razón ya que muchos discursos religiosos pretenden universalidad al remitir a Dios; pero no es la única perspectiva existente, y una sentencia judicial, al apelar a una cosmovisión teológica, debería tenerlo en cuenta).

La respuesta a estas preguntas apelan, en la mayoría de los casos, al tipo de influencia institucional o a la reclamación de Dios como legitimación de dichos discursos. ¿Pero acaso una ideología política particular no tiene el mismo impacto en términos discursivos, como marco cosmovisional desde donde promover tipos de elección? ¿Por qué se resiste a lo teológico o lo religioso como elementos identitarios que conllevan cierta clausura, y no así a otro tipo de marcos de sentido, que mas allá de la laicidad a la que apelan, pueden inducir al mismo reduccionismo político? Si hablamos de que en las iglesias se puede tender a manipular desde la desinformación, ¿acaso no hacen lo mismo muchos medios de comunicación monopólicos, que construyen opinión pública a través de *fake news*?

Con todo esto, estoy lejos de plantear que se debería dar libertad en los púlpitos de hablar sobre candidaturas o partidismos. ¡Todo lo contrario! Lo que llamamos a consideración es que se necesita argumentar con mayor detalle y cuidado las maneras en que se entiende esta "excepcionalidad" de lo religioso. Y la verdad, es que cualquier respuesta que se considere, nunca será absoluta ya que lo que podríamos atribuir a las dinámicas religiosas, también podrían ser aplicado a otros espacios y discursos.

De todas maneras, creo que podríamos identificar algunos elementos identificativos. Primero, *la legitimación teológica de los discursos políticos*. Muchas comunidades religiosas plantean que su posicionamiento ideológico no tiene que ver con una opción política sino con una inspiración directa sobre lo que Dios dispone. Eso es una falacia y un tipo de hermenéutica que clausura un ambiente democrático, al poner a unos como voceros/as de Dios y a otros como enemigos, más aún desconsiderando que en el propio seno de las comunidades religiosas existe una pluralidad de voces, y ninguna de ellas puede representar a todas. Ya conocemos casos donde en nombre de Dios se legitiman barbaridades históricas.

Segundo, *existe una pretensión de exclusividad por parte de muchas iglesias*. Como hemos mencionado, existen comunidades que ambicionan ser espacios de incidencia pública, pero se resisten a aceptar las reglas del juego democrático, en todo lo que refiere a dinámicas legales, políticas e institucionales. Y como hemos dicho, lo hacen sólo porque se creen "representantes de Dios", y por ello, en un lugar por encima de cualquier determinación histórica.

El tercer elemento es el más delicado y complejo, a saber: *las particularidades de las dinámicas relacionales en una comunidad religiosa pueden facilitar instancias de manipulación*. Los tipos de jerarquización, la legitimación "espiritual" de un pastor o cura, los modos de sanción institucional a la disidencia y el aura teológica que tienen los discursos dentro de una comunidad eclesial, conllevan, con más fuerza que en otros casos, riesgos de inducir posiciones personales. Esto no significa que todos los miembros de una iglesia son ovejas que siguen irreflexivamente lo que digan sus líderes, ni que la participación de las iglesias en las elecciones sea homogénea. Muchos estudios muestran absolutamente lo contrario. Lo que queremos destacar, fundamentalmente, es que las características de una comunidad religiosa pueden llevar, más que en otros casos, a la construcción de instancias de manipulación, elemento muchas veces desentendido por las mismas iglesias, con todas las implicancias legales que ello conlleva.

Por otro lado, los juicios y análisis (sean sociológicos como políticos y jurídicos) de las prácticas religiosas, no deben partir desde la premisa de la tradicional distinción secular que divide lo privado de lo público, y juzgar el desempeño social de lo religioso sólo en términos de infracción de ese principio de privacidad impuesta. Como afirmamos, las iglesias y comunidades religiosas presentan cierta excepcionalidad, pero los juicios deben superar la visión reduccionista imperante con respecto a que su error incurre por violar lo privado como su único ámbito de incidencia. ¿Será que debemos comenzar a pensar estas dinámicas desde la clave del pluralismo religioso, superando la laicidad como un marco de lectura que se delimita solamente desde la división entre Iglesia (cristiana) y Estado?

Este análisis arroja más preguntas que respuestas. ¿Acaso los instrumentales jurídicos no están demasiado viciados de una visión reducida del lugar social de las prácticas religiosas y los discursos teológicos? ¿Cómo construir mediaciones políticas y jurídicas que ubiquen y juzguen el accionar de las iglesias como agentes sociales, y no sólo como instituciones que administran la fe individual y privada? Más aún, ¿acaso los marcos jurídicos como políticos no deberían comprender con mayor profundidad la pluralidad y heterogeneidad del campo religioso, para impedir caer en juicios deterministas a partir de visiones medievales que aún persisten en los marcos filosóficos de la jurisprudencia?

Finalmente, todo esto implica también un llamado a las propias comunidades religiosas –más particularmente las iglesias cristianas– que insisten en ser voces públicas, pero sin aceptar las reglas del juego democrático. Si son agentes sociales deben aprender a ser tratadas como tales, y no como espacios con cierta preferencia jurídica y social por el solo hecho de apelar a Dios en sus perspectivas sociales. Más aún, desde una mirada democrática, deberían ser mucho más conscientes y cuidadosas del principio de libertad, pluralidad y heterogeneidad a la hora de emitir sus juicios y valoraciones, sea en términos sociales como también hacia dentro de sus propias instituciones, las cuales son sumamente diversas y donde su feligresía no necesariamente debe responder a una "bajada de línea" política, ideológica o moral del liderazgo. Precisamente de eso trata la fe y la construcción de un marco de sentido teológico: estas no se casan con ninguna posición histórica determinada, sino que mantienen los procesos existenciales abiertos al ritmo del propio mover del Espíritu, el cual nadie puede contener ni representar. Por ende, ninguna expresión puede cometer el "delito" de conjugar a Dios con una mirada humana, ideológica y moral particular.

Es difícil evaluar de manera homogénea este fallo. Desde lo analizado, constituye una clara muestra de las implicancias jurídicas que puede haber en torno al actuar público de las iglesias, cosa muchas veces olvidada por ellas mismas. Pero por otro, presenta ciertos delgados (y peligrosos) límites sobre la proscripción de la particularidad religiosa y su implicación pública que, comparándolos con el juicio sobre otros agentes, puede poner de manifiesto una discriminación innecesaria y hasta injusta (más aun teniendo en cuenta la delimitación que dispone el artículo 28 en el caso de Costa Rica). Una vez más, se impone la necesidad de profundizar sobre el concepto de laicidad y un entendimiento más amplio sobre el actuar religioso en lo público, así como una necesaria crítica de las propias iglesias sobre su relevancia social, que en su manifestación "apolítica" o "simplemente moral", evade las responsabilidades de un ambiente democrático –en el sentido de pluralidad, diversidad, diálogo, etc.–, más allá del derecho a la libertad de expresión que posee. El punto central es el siguiente: *en un espacio democrático, se debe luchar contra toda instancia de manipulación, sea religiosa o de cualquier tipo.*

BOLIVIA Y LA PERSECUCIÓN RELIGIOSA

Las iglesias evangélicas y católicas en Bolivia, conjuntamente con varias federaciones eclesiales en distintos países de la región, se están movilizando, a través de comunicados en las redes, cadenas de oración y hasta convocando marchas en las calles, en contra del controvertido artículo 88 del Nuevo Código del Sistema Penal en Bolivia, el cual –alegan– promueve la persecución religiosa y la condena al proselitismo.

El artículo 88 (ver abajo) se inscribe dentro de la norma sobre **trata y tráfico de personas**, enlistando un conjunto de "fines" que se utilizan como marcos a partir de los cuales se desarrollan dichas prácticas (basados, precisamente, en innumerables casos que dan cuenta de cada uno). Dentro de ellos, se mencionan "organizaciones religiosas", las cuales no son indicadas como instituciones "de hecho" sino que refiere a muchos casos donde grupos se camuflan como cuerpos religiosos para ejercer este tipo de acciones, o a espacios que promueven instancias de abuso y explotación sexual en nombre de la fe.

Hay algunas cosas a aclarar al respecto. Primero, muchos/as afirman que este artículo podría estar mal redactado, con lo cual ésta y otras menciones dentro del Código pueden dar lugar a malas interpretaciones. Pero esto está lejísimos de querer condenar a organizaciones religiosas y sus prácticas, tal como aluden algunos grupos que se cuestionan este controvertido artículo. Todo se solucionaría, tal como han opinado varios abogados, con una mejor redacción del texto.

Segundo, este tipo de controversias son comunes en todo proceso de reforma penal, ya que un código es siempre propenso a forzamientos y sobre-interpretaciones legales. Por ello, decir que fehacientemente un artículo refiere irrestrictamente a una clausura es una exageración, así como se está denunciando en este caso. Hay que reescribir el artículo de manera que achique los posibles (ab)usos en su interpretación; pero nada demuestra una intencionalidad persecutoria.

Tercero, no hay que olvidar que este código en general y el artículo en particular deben ser circunscritos en el marco de la Constitución Política del Estado, donde el artículo 4 señala que "El Estado respeta y garantiza la libertad de religión y de creencias espirituales, de acuerdo con sus cosmovisiones. El Estado es independiente de la religión".

Por último, valga también aclarar que este nuevo código está siendo promovido y analizado por un amplio conjunto de organizaciones de sociedad civil en Bolivia, lo cual ha generado diversas disputas políticas hacia dentro de la ciudadanía. Por ende, esta controversia con las iglesias no queda al margen de dichos conflictos.

En resumen, podemos decir que el artículo en cuestión no fomenta explícitamente ni la persecución religiosa ni la condena al proselitismo, sino que el numeral 11 hace referencia a una de las instancias nominales donde actualmente se efectúan prácticas de trata y tráfico, por lo que se requiere de un paraguas legal para su indagación, investigación y reconocimiento.

Las iglesias y espacios que están denunciando las implicancias persecutorias de este proyecto, están actuando de manera desinformada (y comunicando de manera completamente irresponsable al respecto, sin un análisis serio y ni siquiera mencionando el texto en cuestión). También habría que preguntarse si en el fondo no hay más bien una motivación de reacción política e ideológica. Ello se puede ver, por ejemplo, en diversas declaraciones de agrupaciones eclesiales que ya comenzaron a hablar, tal como sucedió en Colombia con el Tratado de Paz, sobre la incursión de la "ideología de género" en el código penal.

Las iglesias evangélicas deberían dejar de comportarse desde un espíritu de "minoría perseguida" (que, además, dista de ser real), y proceder de forma más responsable en su modo de encarar y opinar sobre asuntos de tanta relevancia pública. Si las iglesias quieren ser un actor social de incidencia, entonces deben dejar de actuar desde lo que beneficia o no a su particularidad identitaria –la cual, además, es sumamente heterogénea, por lo cual ninguna voz pública puede abogarse representar a toda la comunidad–, para formar parte de un espacio amplio, plural y diverso, tal como un espíritu democrático lo demanda. En este caso, sería indicado que las iglesias apoyen a la construcción de un código penal que beneficie a toda la sociedad boliviana, en lugar de buscar fantasmas donde no los hay.

NUEVA LEY DE LIBERTAD RELIGIOSA EN ARGENTINA: ENTRE MAQUILLAJES Y DISCURSOS POLÍTICAMENTE CORRECTOS

Tal como se esperaba, el actual gobierno argentino [de Mauricio Macri] presentó un nuevo proyecto de ley sobre libertad religiosa. Su redacción no es novedosa ya que no se diferencia de otras propuestas presentadas anteriormente, aunque sí pueden identificarse modificaciones operativas y la inclusión de algunas nuevas agendas.

En su introducción, aborda diversas demandas ya históricas en el campo. Por un lado, la necesidad de renombrar el estatus de las identidades religiosas. También, el pedido de reemplazo de la Ley N° 21.745 sobre el Registro Nacional de Cultos, que tiene su origen en legislaciones dispuestas durante la dictadura militar, con una lógica persecutoria sobre expresiones religiosas no católicas. Esto se cambiará, según el documento, por el Registro Nacional de Entidades Religiosas (RENAER), que pretende abarcar más efectivamente el sentido de pluralidad religiosa en el país. Por último, también encontramos la inscripción de distintas legislaciones internacionales en la materia.

Pero lo que parece un avance, inmediatamente muestra ser sólo un maquillaje sobre lo añejo, que deja las cosas intactas desde una legitimación legal con un discurso políticamente correcto. Dos son los temas más conflictivos que presentan este documento. El primero es *el estatus legal y político de la Iglesia Católica*. Dice la propuesta de ley: "se precisa el ámbito de aplicación de la Ley en este punto, aclarándose que la Iglesia Católica Apostólica Romana no debe inscribirse en el Registro en atención a que mantiene el reconocimiento de su personalidad jurídica pública." Arguyendo a los históricos lazos entre

Estado nacional y la Santa Sede, como la Carta Magna de 1853 y el Código Civil de 1871 -renovado en el 2014-, se dictamina que dicha institución religiosa mantenga un estatus jurídico autártico, junto con los gobiernos nacional y provinciales, con todas las implicancias institucionales, políticas, financieras y simbólicas que ello significa.

El segundo punto que ha traído conflicto es el de la mención a la *objeción de conciencia*. "El Proyecto de Ley que se impulsa, además, proclama de manera explícita el derecho a la objeción de conciencia, de las personas y de las instituciones... Porque la libertad religiosa, además de su faceta positiva, entendida como la facultad de organizar y conducir la vida siguiendo los dictados de la conciencia personal, presenta su dimensión negativa: el derecho a no ser forzado a actuar en contra de ella."

Tal como lo han manifestado diversos documentos y declaraciones, dicho punto es de suma sensibilidad ya que representa una injerencia no sana de ciertos discursos y cosmovisiones religiosas, especialmente sobre esferas como la garantía de derechos y la cooptación de ciertas prácticas dentro del espacio público, donde se ponderaría un posicionamiento moral particular por sobre un derecho humano elemental, el cual el mismo Estado está obligado a proteger. Por ejemplo, médicos podrían negarse a la aplicación de protocolos en salud reproductiva, lo que iría en detrimento de la lucha de innumerables grupos que vienen reclamando por un cambio con respecto a la obtención de derechos sobre el cuerpo de las mujeres. Otro ejemplo es lo vinculado a la educación sexual dentro del sistema educativo nacional, donde este principio podría legitimar la demanda de algunos sectores en torno a que dicha tarea se ajuste sólo al ámbito del núcleo familiar como espacio privado, lo que significa un gran retroceso en materia de atención a la niñez en riesgo o en situación de vulnerabilidad, quienes están excluidos de espacios de contención y educación.

Además de estos elementos más notorios, hay otros "pequeños" detalles a nivel discursivo y cosmovisional, que a pesar de su leve notoriedad no dejan de ser aspectos relevantes a considerar para comprender el espíritu de la propuesta. Por ejemplo, en varias secciones del documento se habla de religión y moral, como si fueran términos equiparables o intercambiables, antes que remitir a concepciones más amplias que relacionen creencias y ética. Otro tema es que en términos de operatividad, los marcos generales que se utilizan en esta propuesta para caracterizar lo propiamente "religioso" es notoriamente cristiano-céntrico, aspecto que podemos ver en la manera de valorar el lugar de la institucionalidad, la existencia de un marco dogmático, la centralidad de los textos sagrados, etc.

Hagamos algunas lecturas críticas. Uno de los puntos principales a destacar es que este proyecto está lejos de plantear un cambio paradigmático de mayor profundidad, tal como varios espacios vienen reclamando hace tiempo en la materia: *pasar del concepto de libertad a igualdad religiosa*. El explícito posicionamiento de la iglesia católica en un lugar de monopolio, al punto de no tener la necesidad de registrarse en el RENAER, continúa legitimando el estatus de privilegio de dicha expresión por sobre el resto de las creencias y voces. Esto no sólo alimenta una cosmovisión discriminatoria con respecto a otras creencias sino también continúa violando el sentido de Estado laico en el pleno sentido de la idea.

La segunda observación tiene que ver con el *contenido moral* del proyecto, a lo cual ya nos hemos referido. No hay agendas morales específicas relacionadas a expresiones religiosas. Por ejemplo, en el caso del mismo cristianismo, no hay consenso con respecto a las concepciones de familia, al lugar de la comunidad LGTBIQ, el aborto, etc.[1] Por ello, este texto pone de manifiesto la falta de reconocimiento sobre la complejidad de las identidades religiosas, no sólo en términos de pluralismo religioso sino hacia adentro de las propias comunidades (seguramente lo hay; más bien, se lo quiere silenciar). En otros términos, se puede ver de fondo en esta propuesta de ley una agenda ideológica particular, que visibiliza a las religiones como identidades homogéneas, y desde allí impone una agenda particular.

El freno a un tratamiento de ley que se proponía expedito, trae dudas sobre qué pasará a futuro. El poco debate del proyecto dentro de las comunidades religiosas, la apelación a los actores monopólicos de siempre para su elaboración y los reclamos históricos que se siguen silenciando, ha llamado nuevamente a la necesidad de convocar otras voces, especialmen-

---

1 Ver Nicolás Panotto, *Religiones, política y Estado laico: nuevos acercamientos para el contexto latinoamericano*. Bogotá: GEMRIP/REDLAD, 2017.

te de "minorías" que sistemáticamente son relegadas de estos debates, y de confrontar seriamente temas delicados, tales como el estatus de la iglesia católica y el sentido de laicidad.

¿Pensábamos que la "era Francisco" traería nuevos aires? Queda claro que no. La iglesia católica es sin duda una institución sumamente compleja, con voces y expresiones que históricamente han estado en tensión, entre unos que protegen una clausura identitaria, otros que buscan puntos medios en nombre del ecumenismo y el diálogo interreligioso, y una minoría que intenta cuestionar más de fondo el estatus de catolicismo. Dichos conflictos están lejos de resolverse, al menos en lo que refiere a los necesarios cambios significativos en torno a una visión más abierta de la institucionalidad católica, que permita otro tipo de articulaciones en el ámbito legal y político institucional.

A pesar de todo esto, remarcamos que algunas voces críticas frente a este proyecto civil siguen promoviendo una visión laicista que tampoco es saludable. Los espacios que promueven la necesidad de un Estado laico real, van al extremo de no reconocer la relevancia y lugar público de las religiones, así como lo tienen movimientos sociales, organizaciones de la sociedad civil y representatividades identitarias específicas que forman parte de nuestro espacio público. Dichos sectores, al final, son igual de reduccionistas y esencialistas que los grupos más tradicionalistas que promueven esta ley, ya que, por ejemplo, continúan hablando de lo religioso en términos de su circunscripción en la vida privada, de definirlo como una propuesta doctrinal en lugar de una ética con injerencia en la acción de los sujetos y la vida pública, entre otros elementos.

El lugar social de las religiones y las creencias debe comprenderse desde la promoción de la pluralidad de voces sociales minoritarias y en nombre de los derechos humanos. Por ello, la promoción del pluralismo religioso desde el Estado debe construirse más allá de la división entre Iglesia y Estado, hacia un marco de inclusividad, diversidad y democracia radical.

Desde una mirada totalmente pragmática en términos legales y políticos, este proyecto podría habilitar algunas mejoras, en aspectos vinculados al registro de grupos y algunas leves resignificaciones en torno a la cosmovisión de lo religioso que, por más pequeña que sean, como todo acto simbólico, puede abrir la puerta para futuras reflexiones, siempre y cuando el proceso se entienda abierto. Pero mientras estos dos puntos sensibles mencionados sigan sin resolver, el proyecto continuará siendo resistido. Creo que se da por descontado el hecho de que un cambio real en el estatus de la iglesia católica está demasiado lejos de lograrse.

Si se abre un debate serio sobre una ley de libertad/igualdad religiosa, entonces se debe realizar en clave de derechos humanos, y no desde una cosmovisión institucionalista. Esta última da lugar, precisamente, a la legitimación del estatus de poder que posee la iglesia católica (adjuntando a su nueva gran aliada: la iglesia evangélica), en detrimento del silenciamiento (y podríamos decir también, a la sumisión al monopolio cristiano) de otras expresiones. Un proyecto de igualdad religiosa debe expresar con claridad una agenda plural en términos de creencias, dando cuenta de mediaciones discursivas y prácticas desde una sensibilidad interreligiosa.

Además, deberían dejar de existir las agendas "ocultas" que mayormente preocupan a la ortodoxia cristiana en términos de moral privada, y que circunscriben estos proyectos con el objetivo de tratar el fenómeno religioso en términos éticos, políticos, culturales y sociales ampliamente, y no apelando a un conjunto reducido de preocupaciones sobre moralinas conservadoras y hasta fundamentalistas. El Estado debe procurar para que las religiones se articulen al diverso campo de organizaciones y actores civiles que existen para potenciar dinámicas democráticas y agendas inclusivas.

VOCES RELIGIOSAS GANANDO ESPACIO PÚBLICO: REFLEXIONES POST ASAMBLEA OEA 2017

El día 19 de junio tuve el privilegio de participar en el Diálogo Civil dentro de la 47 Asamblea de la Organización de Estados Americanos (OEA), desarrollada en la ciudad de Cancún, México, entre los días 19 y 21 de junio. Participaron del encuentro cerca de 700 personas, en representación de más de 300 organizaciones civiles. El formato de esta convocatoria fue distinta al de otras ocasiones. En una gran mesa, se sentaron frente a frente representantes de Estado y organizaciones civiles. Quienes expusieron de parte de este último sector, fueron coaliciones de grupos comprometidos con diversas temáticas y demandas, a saber, mujeres, pueblos indígenas, sindicatos, comunidad LGBTTIQ, grupos afroamericanos, discapacitados, sectores comprometidos con economía social, empresarios, entre otros. Las coaliciones compartieron sus análisis, reclamos y propuestas, mientras los representantes de estado escucharon, tomaron nota y replicaron cuando fue necesario.

Las exposiciones por parte de la sociedad civil fueron muy variadas. Pero me gustaría detener mi análisis –el cual es muy breve y proviene más desde las tripas por lo recientemente vivido– en un sector particular cuya voz fue notoria. De las cerca de 30 coaliciones presentes, al menos 10 presentaron postulados que se oponían a temas sensibles promovidos en los últimos años por espacios de militancia en derechos humanos. La defensa de la familia tradicional, el matrimonio como práctica exclusiva entre hombre y mujer, la defensa de la vida desde su concepción y el rechazo a la legalización del aborto, y la oposición a cualquier forma de comprender la sexualidad y la persona fuera de un marco heteronormativo, fueron las demandas eje de estos grupos.

¿Cuál fue otra característica de dichas coaliciones? Usar el nombre de Dios. Todas estas agrupaciones se articulan muy fuertemente con espacios cristianos, sean católicos como evangélicos. Su presencia en el recinto era abrumadora. Hay quienes dicen que llegaban al menos a la mitad de los asistentes, aunque me parece atinado aseverarlo. Pero sin duda era un grupo extenso que hacía notar su presencia. Aquí su increíble capacidad para movilizar cientos de personas a un encuentro tan importante para la política latinoamericana como es la Asamblea de la OEA.

En la jerga de las organizaciones civiles, dichos grupos se los engloba bajo los títulos de "pro vida" o "anti derecho" (¡nominaciones paradójicamente contrarias!). Lo que me llamó considerablemente la atención es la homogeneidad en el uso de ciertos discursos para respaldar sus argumentos. Veamos algunos.

La totalidad –sí: literalmente el 100%– de los grupos dentro de este espectro utilizó la siguiente frase tras desplegar sus propuestas: "estudios científicos demuestran que..." Esta fe en la "objetividad" de la ciencia como demarcatoria de la verdad sobre las dinámicas sociales, biológicas, naturales, etc., es su caballo de batalla. Esto indicaría que sus posicionamientos no refieren a perspectivas ideológicas, subjetivas, políticas o religiosas, sino a pruebas científicas. Por ello, son verdades incuestionables. Podríamos reflexionar extensamente sobre la crítica al sentido de veracidad ligado a la ciencia, y todos los prejuicios modernos alrededor de ello. Pero lo que cabe remarcar es la intencionalidad en el uso de dicho vocabulario: estos grupos pretenden legitimar una perspectiva subjetiva y por ende cuestionable, desde la clausura cientificista que repele todo sesgo ideológico, y por ende cualquier posicionamiento alterno. Al parecer, discurso teológico y objetividad científica van de la mano...

La segunda noción presente fue la idea de "lo natural". Los discursos remitían constantemente sobre esta categoría como fundamento del desarrollo histórico, de los procesos y las configuraciones sociales, en los cuerpos, y la sexualidad. Nuevamente, la noción de naturaleza aparece como un argumento que intenta absolutizar una forma específica de comprender la existencia, remitiendo a una noción que enlaza la verdad con una condición biológica o una extensión histórica sin fisuras ni variaciones. Es así que, entonces, los modelos familiares, la manera de vivir la sexualidad, las relaciones interpersonales, etc., distan de cualquier ambivalencia temporal o contextual, para pasar al atrio de lo inamovible (obviamente, según el patrón defendido por ellos).

Otro elemento que llamó la atención fue la performance de estos grupos. Es decir, actuaron como cualquier agrupación política en busca de legitimación y presencia. No se quedaron atrás. En medio de las exposiciones, levantaban carteles y pancartas, sea en forma de apoyo o denuncia. Se movían dentro del salón con el objetivo de hacerse ver, e interpelaban a todo político o representante oficial que encontraban en el camino para entregarles algún documento con sus reclamos. Sus movimientos y gestos estaban a la misma altura que cualquier grupo político en reclamo de sus demandas y búsqueda de pactos o acuerdos. Esto podría resultar extraño si lo comparamos con el tipo de performance política que han mantenido grupos cristianos –especialmente evangélicos– a lo largo de la historia, los cuales siempre han sido reacios a este tipo de prácticas. Pero al parecer, han dejado sus prejuicios atrás para desenvolverse con toda soltura en la "liturgia" de los movimientos sociales y organizaciones civiles. Obligar

Cabe también mencionar que en algunos casos la conducta de estas agrupaciones dista de ser pacífica: no fue esta la ocasión, pero en asambleas anteriores (como en República Dominicana en 2016) grupos religiosos irrumpieron en medio de la asamblea sin permiso, para impedir el diálogo, y hasta han existido agresiones físicas contra personas de otras expresiones, especialmente contra la comunidad LGBTTIQ. Su militancia ha alcanzado niveles sumamente antidemocráticos y vergonzosos. Al parecer su heroísmo y mesianismo religiosos les lleva a legitimar cualquier tipo de comportamiento con tal de alcanzar su propósito.

Hay mucha tela para cortar sobre estos acontecimientos. Llevará tiempo analizarlos con el detalle que merece. Aunque no hay nada nuevo en mi descripción –ya que este tipo de discursos son ya conocidos–, sí llama la atención el nivel de organización e incidencia que dichas propuestas han alcanzado durante estos últimos años, al punto de ser un sector de gran peso en instancias como la OEA, la ONU u otros organismos internacionales.

Estos grupos argumentan ser "discriminados" por los sectores con agendas de derechos humanos, al sentirse cuestionados. No hay falacia más grande, además de demostrar la carente apertura al necesario debate en un espacio público (cosa que ellos reclaman sobre sí, pero niegan para los otros). Se apropian muy bien del lenguaje del derecho y la inclusión, pero la usan en sentidos completamente opuestos.

Es decir que apelan a ser escuchados y atendidos, a que sus acciones apuestan al bienestar social y democrático, a que los valores que promueven deben ser entendidos como derechos humanos y justos; pero no están dispuestos a negociar con sectores con posiciones distintas, al punto de anular y excluir cualquier disidencia si alcanzan el poder. Ergo: una absoluta contradicción.

Esto demuestra que términos como "derechos humanos", "valores" y "vida" son significantes que pueden ser apropiados por posturas de todo tipo, hasta antagónicas. Ello merece un profundo debate hacia dentro de los mismos organismos de la sociedad civil, con el objetivo de profundizar sobre las dimensiones éticas que conllevan estos procesos. ¿Acaso la diversidad y el pluralismo como sentidos democráticos no representan una frontera ética por sí mismas, al establecer un espacio de interacción discursivo por parte de los sujetos y agentes sociales que lo componen, estableciendo como exigencia moral que la inclusión y la aceptación de la diferencia sean valores a defender y respetar por cualquiera de sus miembros? En este sentido, se abre un gigante interrogante sobre si los valores "democráticos" a los que estos sectores apelan con sus demandas deben ser considerados como tales, cuando en realidad lo que pretenden es imponer una frontera, no de reconocimiento sino de negación de lo distinto.

Les guste o no, aquí reside una gran diferencia entre este sector fundamentalista (sí, me animo a ponerles ese mote) y los demás: mientras los grupos que buscan agendas de derecho e inclusión dicen: "esto **también** es familia", "yo **también** soy sujeto de derecho" (es decir, reconocen al otro pero a la vez solicitan ser reconocidos desde su alteridad), los sectores fundamentalistas simplemente utilizan la lógica maquiavélica de la exclusión: lo nuestro sí, el resto no; en nosotros la verdad, en ellos el error; aquí lo bueno, allá lo malo. Un discurso discriminatorio y, en términos políticos, absolutamente antidemocrático.

De esta manera, lo público deja de ser el espacio donde

la diversidad de voces se encuentra para dialogar –tensiones incluidas– y llegar a consensos mínimos, para pasar a ser una plataforma donde se lucha por el reconocimiento propio en detrimento del resto. Lo público se transforma en un campo de batalla antes que un espacio de intercambio y (re)conocimiento.

Todo esto hace imperante la necesidad de formar una coalición de organizaciones e iglesias con una visión alternativa y crítica, que de cuenta que la espiritualidad, lo religioso y la fe distan de ser elementos condenatorios de la diversidad, moralmente restrictos y clausurados a la inclusividad. Existen innumerables espacios que presentan una visión alternativa, y que podrían jugar un rol central junto a organizaciones de sociedad civil, para hacer frente a estas avanzadas fundamentalistas dentro del espacio público –las cuales, como vimos, poseen una gran capacidad de articulación política con otras fuerzas– y demostrar de esa manera que las creencias religiosas no tienen porqué oponerse a prácticas y cosmovisiones democráticas; todo lo contrario: tienen mucho que aportar a su desarrollo.

Por último, aquí el trabajo de la teología ingresa en su inherente dimensión política y pública, como una herramienta que puede convocar al diálogo entre voces religiosas y de organizaciones civiles, con el doble objetivo de construir un espacio de reconocimiento mutuo, así como el desarrollo de un frente de crítica, resistencia y deconstrucción sobre este conjunto de posturas fundamentalistas, que distan de representar el Dios de la vida, que tantas expresiones y experiencias religiosas predican y promueven.

¿RELIGIÓN EN LAS ESCUELAS?

Las recientes declaraciones del actual Ministro de Educación argentino, Esteban Bullrich, sobre que "vendría muy bien que todas las religiones tengan su espacio" en las escuelas, ha despertado un fuerte debate y reacciones diversas en medios de comunicación, redes sociales y entre especialistas. "El ejemplo de Jesús debe ser aprendido, pero también el ejemplo de Mahoma, las enseñanzas del budismo y el hinduismo, otras religiones también para crecer juntos reconociendo al otro", afirmó el funcionario. Más allá de la crítica sobre el sabido compromiso del ministro con ciertos grupos conservadores del catolicismo monopólico argentino –y los favores políticos que dicha relación ha alcanzado a nivel porteño y nacional–, todo esto hizo sonar la alarma en torno al concepto de Estado laico y un posible retroceso en materia de adoctrinamiento religioso en ámbitos escolares (aunque sabemos que en la actualidad, el panorama a nivel nacional es sumamente difuso ya que muchas jurisdicciones provinciales presentan un posicionamiento ambiguo al respecto)

Considerando el tiempo en que nos encontramos, estas resistencias son más que pertinentes. La necesaria laicidad de un Estado juega su carta más importante en las escuelas, por lo que hoy día se hace impensable un adoctrinamiento en términos religiosos –especialmente desde sus voces monopólicas–, como así también en otras áreas del campo social. Ahora bien, estos debates siempre avivan una contracara que tampoco es muy saludable, como lo es el laicismo extremo que tiende a estigmatizar lo religioso como fenómeno y a endilgar sus expresiones al campo de lo irracional, medieval, anti-político, etc. Estas comprensiones, más allá de su validez en algunos casos, distan de reflejar la complejidad, profundidad y pertinencia de lo religioso en tanto fenómeno y su real impacto en la sociedad. La negación de lo religioso, implica negar –guste o no– uno de los marcos de sentido más importantes de nuestras sociedades –recalco: uno más entre otros–, y con ello la realidad de una convivencia democrática que nazca de una genuina pluralidad inclusiva entre todas las expresiones identitarias presentes.

De aquí, nos preguntamos si la relación entre lo religioso y lo educativo (así como lo religioso y lo social) puede ser vista desde un punto de partida que habilite nuevas posibilidades en términos de formación social, sin caer en un adoctrinamiento orgánico, y dando por sentado tanto la necesidad de un marco completamente laico dentro de las currículas escolares como la ineludible separación entre iglesia/religión institucional y Estado. En otros términos, ¿es posible abordar lo religioso en espacios educativos desde un marco más amplio, sin imponer ni priorizar sino simplemente otorgando la misma validez que a otro tipo de cosmovisión?

Antes de avanzar, pongamos algunos puntos en perspectiva:

Lo religioso como fenómeno es un elemento constitutivo de toda sociedad. Los modos de creer son sumamente híbridos y variopintos, inclusive dentro del propio catolicismo como representación principal, al menos en Argentina. La gran mayoría de la ciudadanía posee creencias religiosas, más allá de la multiplicidad de vinculaciones con sus formas institucionales oficiales.

Lo religioso no simboliza un conjunto de elementos folklóricos sino más bien un modo de ver la vida, la sociedad, la política y lo cultural. Por este motivo, hablar de religión no es tratar con un elemento enclaustrado en la "vida privada" sino con un marco de sentido personal, familiar y comunitario que tiene directa injerencia en los asuntos sociales y públicos.

- La ignorancia en términos religiosos ha llevado –tanto en el pasado como en la actualidad– a prácticas de discriminación, violencia, intolerancia y estigmatización socio-cultural. Es decir que la falta de conocimiento sobre la diversidad de creencias y las implicancias personales y sociales de lo religioso abre la puerta a prácticas anti-democráticas, violentas y perjudiciales para el bienestar social.

- Por todo esto, podemos decir que reconocer la pluralidad de creencias, la inmensa diversidad de formas de aprehender y vivir lo religioso, y su intrínseca relación con los procesos sociales, significa profundizar una cultura democrática que visibilice, acepte e incluya la variedad de expresiones religiosas dentro de una comunidad social, así como se reconocen otras voces.

A partir de estos elementos, nos preguntamos: ¿debe ser lo religioso **un tema** completamente ausente de los centros educativos? Reiteramos y enfatizamos que la "enseñanza religiosa" como tradicionalmente se la concibe –es decir, como forma de adoctrinamiento dogmático y eclesial- no tiene lugar alguno dentro de una política educativa laica y un régimen democrático basado en el Estado laico. Ahora bien, dicha distinción no debe llevarnos necesariamente a descartar que lo religioso es un campo que puede estar presente como una cosmovisión más dentro de los temas que se tratan en diversas áreas de la educación, para ser abordado y estudiado en relación a distintos fenómenos sociales, culturales y políticos.

¿Podríamos, entonces, pensar en lo religioso (o más concretamente, en el **pluralismo religioso**) como un elemento que debe estar presente dentro de las currículas escolares, de manera transversal y general, más allá del marco católico-céntrico que predomina actualmente? No hablamos de una asignatura específica u obligatoria dentro del programa, sino más bien de lo religioso como un eje más dentro de debates, unidades problemáticas y abordajes más amplios, como pueden ser la composición plural de lo social, las definiciones de ciudadanía, las construcciones de subjetividad, la diversidad constitutiva de lo cultural, el sentido de pluralismo ligado a lo democrático, la necesidad de escuchar diversas voces dentro del espacio público, entre otros, ejes todos estos que atraviesan diferentes materias curriculares. En definitiva, ¿podría contemplarse el lugar de lo religioso como una voz legítima, al igual que se promueve la presencia de grupos etarios, indígenas, representaciones de mayorías sociales, voces políticas, etc., tal como se enseña en educación cívica o ciudadana?

Por supuesto que reconocemos las problemáticas existentes en torno al manejo de ciertas expresiones religiosas dentro del espacio público, el Estado o el campo político en general. Pero precisamente por ello, una concientización y formación más amplia y plural sobre lo religioso nos ayudará a manejar los conflictos que se gestan desde dicho campo –especialmente en lo que refiere a la intromisión de cosmovisiones moralistas que promueven algunas expresiones religiosas, las cuales bloquean la profundización de políticas democráticas e inclusivas–, sin caer en estigmatizaciones o enclaustramientos sino más bien ubicando lo religioso –y con ello, abriendo su perspectiva y des-dogmatizando su propia presencia– dentro del enorme abanico de identidades que componen nuestras sociedades.

En resumen, debemos resguardar la educación de los abusos monopólicos –sean religiosos, políticos o sociales-, en pro de fomentar los valores democráticos del pluralismo, el diálogo, el consenso y la diversidad. Pero precisamente en ese marco debemos incluir y reconocer lo religioso como una voz más a la par de otras, para así mostrar la "foto completa" de lo variopinto de nuestros grupos sociales, como así también de otras concepciones sobre la incidencia social de lo propiamente religioso, que dista de ser un calendario de rutinas cúlticas, sino más bien un modo de asumir la vida personal y comunitaria.

FRANCISCO, LA GRAN PARADOJA

Sorpresa mundial: tenemos nuevo Papa y es latinoamericano. Esta sola afirmación levantó inmediatamente todo tipo de sentimientos. ¿Por fin llega el cambio tan esperado? ¿La iglesia católica romana optó finalmente por la reforma? Fue interesante ver cómo las circunstancias de esta elección –al menos desde lo que parecía en una primera instancia– avivaron todo tipo de esperanzas, sueños, deseos e imaginarios.

Lamentablemente mi reacción –así como la de muchos y muchas en nuestra tierra argentina (por supuesto, cada quien con sus matices)– distó de ser esperanzadora. Mi respuesta fue inmediata: "la iglesia quiere seguir en la misma de siempre". Bergoglio nunca fue un personaje de mi agrado. Es un representante más del conservadurismo religioso católico, de cerviz rígida y firme, ligado a actores de la sociedad argentina críticos a toda idea progresista, pero con mucho alcance con la gente. Pero vayamos por parte.

Mucho se ha hablado de su vinculación con la dictadura. Hay quienes tratan de matizar el asunto, apelando –por ejemplo– a una afirmación (en cierta medida sacada de contexto) del Premio Nobel de la Paz Adolfo Pérez Esquivel, quien asevera que no se puede comparar el caso de Bergoglio con la participación más activa que sí tuvieron otros obispos en aquella época. El reconocido teólogo Leonardo Boff también ha opinado en la misma línea. Pero la realidad es que queda aún impune el caso de Orlando Yorio y Francisco Jalic, dos jesuitas que fueron secuestrados por la dictadura militar argentina en 1976, hecho por lo cual se acusa a Bergoglio –en ese momento superior provincial– de haberlos desprotegido, y así facilitado su entrega. También la relación con la desaparición de otros/as religiosos/as y la entrega de bebes nacidos en clandestinidad, cuestión que Bergoglio negó rotundamente diciendo que la iglesia lo desconocía, cuando hace poco tiempo atrás salieron a la luz pruebas que afirman totalmente lo contrario.

Ahora, ¿se puede matizar la relación de Bergiglio con la dictadura militar por la comparación con otros casos dentro de la iglesia y su actuación en los '70? No lo creo. Para hablar de este tema, hay que realizar una mirada más amplia que nos traiga hasta nuestros días. En Argentina, los juicios contra la dictadura se han realizado en los últimos 10 años. ¿Cuál ha sido el posicionamiento de Bergoglio? El oficiado por la institución católica: evasión, silencio y negación. Nunca hubo por parte de la iglesia –donde Bergoglio fue uno de sus principales líderes– un mea culpa o reconocimiento al respecto. Para mí, eso es suficiente vinculación y habla, también, del concepto de derechos humanos del Pontífice.

Nos podemos adentrar a otros temas, como su llamado a una "guerra de Dios" cuando se analizaba en Argentina la ley de matrimonio igualitario. "No se trata de una simple cuestión política sino de la pretensión de destruir el plan de Dios". Afirmación totalitaria, si la hay. Obvio, todo esto en consonancia con la defensa de la "familia" (lo pongo entre comillas porque es una idea muy específica sobre su composición, obviamente) Sí, me podrán decir: ¿esperás otra cosa de los representantes de la iglesia católica al respecto? La verdad que no. Pero no olvidemos este detalle no menor a la hora de hablar de "los aires de reforma" que trae consigo este Papa.

Ahora, también tenemos la otra cara de la moneda. Una persona muy carismática, inteligente, con gran acercamiento y llegada a la gente. Más allá de su conservadurismo, ha sido férreo oponente a sectores de ultra-derecha en el país, llegando a interceder frente a Juan Pablo II para que tome cartas en el asunto. Se lo conoce por su austeridad y por movilizarse en la ciudad a través del transporte público (cosa que, por supuesto, podría ser tomado también como una nota pintoresca, si se quiere) Ha realizado grandes campañas en contra de la Trata, congregando grupos militantes y de víctimas en instancias litúrgicas. Su trabajo entre las villas de Buenos Aires es muy reconocido. Es, como se dice, una persona con calle. Se sabe que invita a sus estudiantes a recorrer y trabajar entre los sectores populares. El grupo de "curas villeros" fue, en buena medida, movilizado por él.

Aunque permítanme aquí otra nota: esto no es, naturalmente, garantía de una conciencia crítica a nivel social o político. Bergoglio es jesuita, pero acunado en una escuela conservadora y tradicional, cuya visión social es sumamente asistencialista. Tengamos cuidado en sobredimensionar este elemento.

Es interesante ver las narrativas de experiencias particulares que surgen en este tiempo. Por un lado, una persona vinculada a los jesuitas me escribió expresándome la gran resistencia que existe en su grupo con Bergoglio y las tensiones que tuvieron con su conservadurismo durante el trabajo en Argentina. Por otro lado, también pude acceder a relatos de personas que compartieron con este religioso momentos de diálogo y cofradía, en donde resaltan su calidez, sensibilidad pastoral y buena persona.

En síntesis, podríamos decir que la persona del Papa Francisco se presenta como una gran paradoja. Los matices y énfasis de esta condición las daremos según nuestro lugar, deseo y opinión. Mirando este breviario, ninguna de las características descritas dista de tener importancia a la hora de vincularlas con su rol papal y la nueva coyuntura que se abre en el Vaticano y la iglesia en general.

La gran pregunta: ¿habrá cambios? Yo creo que sí, pero en temas no sensibles y fundamentales. Francisco es consciente de la crisis de la iglesia, por lo cual la pertinencia de la institución dependerá de la concreción de cambios urgentes, aunque no serán a nivel estructural o profundo. Se despertarán sensibilidades, y algunos temas olvidados y necesarios volverán a la agenda. Seguramente se efectivizarán "gestos" que aumenten la credibilidad del pueblo creyente (tal como la aparición en la Plaza sin vestiduras ostentosas, pidiendo la bendición de la gente presente)

Algunos/as nos preguntamos si la figura de Francisco será como la de un Juan Pablo II en versión latinoamericana. Tal vez es una declaración fuera de lugar. Pero mucho parce apuntar al hecho de que será un personaje políticamente correcto, con atisbos de flexibilidad y algunos gestos que lleguen al pueblo. Pero más allá de eso, se mantendrá firme en la ortodoxia, abogando por la defensa de la institución, especialmente en tiempos de fuerte crisis como en los días que corren.

Pero por sobre todo, me niego a las lecturas reduccionistas que hacen una vinculación directa entre una persona con una posición de liderazgo y una serie de efectos inevitables que cause su presencia o acción en un grupo o institución. No creo que las dinámicas de poder sean lineales o unidireccionales, sino procesos con circulaciones complejas y sorpresivas. La iglesia católica es un espacio sumamente heterogéneo, donde conviven todo tipo de expresiones, voces y prácticas, muchas de ellas articuladas y otras en completa tensión y antagonismo. "Lo católico" no es un campo homogéneo y unificado; por el contrario, es un trazo multicolor difícil de encuadrar.

La asignación de Francisco hay que ubicarla en esta dinámica más amplia, proyectando sus acciones y cambios no sólo desde una mirada unidireccional –lo que él haga desde su investidura– sino también desde cómo el pueblo católico reapropiará y articulará, de las maneras más diversas, los nuevos espacios que se construyan, por más pequeños que sean, a partir de los cambios que desarrolle. Con un poco de esperanza, podríamos decir que, desde aquí, tal vez surjan cambios inesperados, ya que así son las acciones de los sujetos.

Todos y todas tenemos el deseo de que se produzcan cambios. Pero al ver la figura del nuevo Papa, el escenario no parece prometedor más allá de ciertos gestos, que sí, no dejan de ser menores, pero no van a lo profundo de la crisis en el catolicismo. Crisis –no olvidemos– que tiene efectos más allá del Vaticano y la iglesia, proyectándose en la situación social, económica, política y religiosa de personas, grupos y países en otras latitudes. Personalmente, sigo creyendo en el pueblo católico, especialmente en las personas y espacios que abogan por una reforma real. Espero que, en esta nueva coyuntura y desde los posibles (e inevitables) cambios que se den, se aprovechen las brechas que se abran, por más pequeñas que sean, para lograr transformaciones que vayan más allá de lo superficial, y de la misma figura de Francisco.

POLÍTICA "A LA FRANCISCO"

Muchas veces me pregunto si las estructuras políticas institucionales (sea el Estado o un partido) pueden sobrevivir sin personalismos, sean éstas de corte neoliberal o populista (con las grandes diferencias en cada caso sobre el lugar que posee la figura del líder). En muchos sentidos creo que no. Pero sí creo que, como ciudadanos/as, debemos aprender a ver "lo político" más allá de estas dinámicas propias de la burocracia. Muchas veces nos dejamos cooptar por la simulación de la supuesta hegemonía avasallante de estas formas, cuando en realidad tenemos todos los medios a nuestra disposición para construir miradas y prácticas alternativas, y desde ellas socavar -inclusive- los supuestos "grandes relatos" desde los cuales la política institucional, inevitablemente, intenta sobrevivir. Más aún, paradójicamente, dichos medios son, en muchos casos, facilitados por estas mismas estructuras.

En este contexto, sería bueno que apliquemos como abordaje político los tipos de lectura que se han hecho sobre el lugar de Francisco: más allá de la complejidad de su figura (donde se han reconocido tanto sus valores como flaquezas y oscuridades, pero por sobre todo donde se ha mantenido cautela sobre su juicio), se ha promovido con cierta apertura su impacto e influencia reales dentro de la estructura católica, la cual es compleja y heterogénea. En otras palabras, la influencia de Francisco no se ha centrado sólo en su investidura o historia personal sino en las nuevas dinámicas que se gestarán desde la acción de todo el pueblo católico a partir de los modos en que han reapropiado sus gestos de cambio, los cuales serán inevitables (reconociendo, inclusive, que éstos pueden ser genuinos, políticos o por obligación).

Me pregunto: ¿no podríamos aplicar esta misma lectura a varios de los esquemas políticos latinoamericanos contemporáneos, para superar ciertos clichés que, al final, terminan restando poder a las oportunidades políticas reales que hay en nuestros contextos desde la acción concreta de los sujetos, organizaciones y grupos? ¿Por qué tenemos mayor apertura con lo que sucederá en el Vaticano o el catolicismo –con toda su estructuración jerárquica y segregante, su teología conservadora y dogmática, sus manchas negras en la historia–, y con la figura del nuevo Papa –posición endiosada y personalista, si la hay–, que con lo que transcurre con algunos esquemas y dinámicas políticos en nuestro continente (los cuales se describen casi con el mismo tono y percepción)?

Tal vez es más fácil creer en el lugar de los sujetos creyentes y el impacto de su acción en el medio, por el poder que tiene la fe, por el lugar de la gracia divina como elemento constitutivo de nuestra existencia –la cual nos exonera de toda clausura–, así como por la misma noción de trascendencia, donde lo divino y la fe siempre superan cualquier marco (dogmático, religioso, social, político, cultural), llevándonos a un "siempre más" (Ellacuría), desde la promesa escatológica que atraviesa y abre nuestra historia a rumbos utópicos.

Sería bueno que apliquemos esta misma fe y gracia a las dinámicas socio-políticas, dando mayor énfasis al lugar real que poseen los sujetos, las personas y los grupos que componen nuestras sociedades, quienes en su acción concreta siempre van más allá de toda estructura y personalismo. Lo político no se juega sólo en el lugar que posee un líder, en la sutura de una estructura o en mecánicas burocráticas. Estas figuras existen, son reales, pero no son el fin.

El poder es una instancia con distintas caras que circula entre la pluralidad de sujetos que componen un pueblo, no un objeto en manos de un personaje único. Por ello, tengamos fe en las personas, en las acciones que se crean entre las fisuras que se abren en todo contexto, y veamos con los lentes de la gracia –entendida como aquella instancia que nos permite ser siempre distintos y nunca quedar "condenados" a ninguna culpa o atadura– a los procesos que viven nuestros contextos... así como flexible y comprensivamente lo hemos hecho con la figura de Francisco en relación al pueblo católico.

Debatiendo con un colega al respecto, me dice: "así como el dogma me exonera del debate, de manera similar la voluntad divina para lo público me exonera de la construcción social del sujeto". Sabemos que no existe tal "voluntad divina" –comprendida como mandato único en manos de una persona o institución– con respecto a las dinámicas socio-políticas. Incluso a pesar de los personalismos, que por momentos tienden a apelar a dichas lógicas. Ello no será más que una ficción, como dijimos, para sobrevivir a las tensiones inherentes entre las estructuras burocráticas y las reales e innumerables dinámicas sociales que se mantienen en constante movimiento en todo espacio social. Como sujetos nos vamos construyendo en el camino de los incontables procesos que nos rodean. Ese es el nombre de lo político, la inscripción de todo pueblo. Tengamos fe en sus sorpresas.

SOBRE EL LÍMITE DE LOS GESTOS Y LA FIGURA DE FRANCISCO

Hablando con un miembro referente dentro de la iglesia católica chilena sobre la visita del Papa a su terruño, me dice lo siguiente frase lapidaria: "esta ha sido no una de las peores visitas de Francisco, sino de un Papa a un país latinoamericano en las últimas décadas". Esta fuerte expresión resume la sensación extendida de amargura que ha quedado en el paladar de gran parte de la población chilena, tanto en miembros de la propia iglesia católica como de la ciudadanía en general.

La visita de Francisco se puede evaluar como un termómetro que cruzó desde altas temperaturas, cuando, sin que nadie lo esperase, pidió perdón a las víctimas de abuso sexual durante su encuentro con la presidenta Bachelet en la Moneda, hasta un seco y helado témpano hacia el final, cuando en su último día de estadía, frente a la pregunta de una periodista sobre ese mismo escabroso tema, el Papa cambia su compasivo semblante y su suave voz hacia una expresión recia y un tono amenazante, afirmando que las imputaciones contra el cuestionadísimo obispo Barros –envuelto en encubrimientos de abuso sexual a menores dentro de la curia– son pura "calumnia". Con esa diminuta palabra tiró por la borda todo intento de evasión políticamente correcta, como venían piloteando hasta el momento, revelando que el Papa se encuentra muy lejos de la demanda de la propia comunidad católica en Chile, que clama por justicia sobre estos casos.

Entre medio de estos eventos, cada suceso de la visita iba dando qué hablar. Tal vez la presencia en la cárcel de mujeres de Santiago y sus palabras sobre la dignidad, o el fervoroso mensaje en la Universidad Católica dieron cierto respiro. Pero al parecer, la ciudadanía ya había dado su veredicto: la asistencia en los eventos, e inclusive en las ya clásicas caravanas del "papa móvil", fueron sorprendentemente escasas y demostraron el poco entusiasmo por la llegada del Pontífice por parte de la ciudadanía. Lo mismo sucedió con las tres misas públicas –en Santiago, Temuco e Iquique– donde la concurrencia fue pobre, al igual que los mensajes de Francisco y la misma liturgia. Nada nuevo. Más de lo mismo. Atrás quedó esa esperanza por las desafiantes palabras pastorales del Papa, que tanta fama han alcanzado años anteriores. No se pudo superar la imborrable marca de aquel carismático Juan Pablo II y su visita en 1987, evento que quedó de manera indeleble en la memoria colectiva chilena.

Francisco ha sido siempre una figura paradójica. Ha levantado todo tipo de sentimientos, que van desde la implantación de un sentido de mayor sensibilidad y "humanidad" sobre la institución eclesial, de "reforma" a través de las movidas dentro de la vetusta dinámica vaticana, hasta de "revolución" al abordar críticamente problemáticas sociales varias, como la injusticia económica global, la crisis ambiental, entre otros. Pero por otro lado, ya sabemos que esos temas no son los más delicados ni los que dan qué hablar dentro de la iglesia católica (y la sociedad en general) –a saber, los referidos a la familia, la sexualidad, el lugar de la mujer, la estructura de liderazgo eclesial y los intocables dogmas–, sobre los cuales Francisco ha actuado, a veces como buen político –evadiendo olímpicamente tocar fibras sensibles–, otras como un recalcitrante defensor de lo más rancio de la institución.

Para sorpresa de muchos, la visita a Chile dejó claro que los gestos (virtuales) no son suficiente, tal como muchos vienen advirtiendo hace tiempo. Dentro de la inabarcable y compleja estructura de la iglesia católica, un simple movimiento puede provocar un "efecto mariposa": una sola frase dicha por el Papa induce a profundas movilizaciones dentro de comunidades y organizaciones en distintas partes del globo. Francisco es más que consciente de ello, por lo que ha optado por inundar las pantallas televisivas y las agendas de actividades con estas pequeñas muestras de cambio, que sin duda "renuevan el espíritu" removiendo el polvo de la imagen estancada y retocando las apariencias para calmar las aguas, mostrando cierto rostro de mudanza.

Pero ello no basta. No queremos decir que en esto hay un acto maquiavélico, sino más bien reforzar el hecho de que dichos procesos han alcanzado temas que no llegan a las profundas raíces de los históricos cuestionamientos a la iglesia y su rol social. Tal vez algo que Francisco no calculó es el hecho de que la gente, al ver cierta intencionalidad de transformación, se preguntó: ¿será que por fin las cosas van a cambiar? Quizás el Papa pensó que la feligresía y la sociedad en general se conformaría con las pequeñeces. Pero en realidad, sólo se movió el avispero. Las demandas son mucho mayores, y al abrir la compuerta hacia una nueva imagen, lo que se hizo fue gatillar aún más la demanda por un giro radical. Y ahora el Papa se enfrenta a un escenario donde en lugar aplacar las aguas, lo que hizo fue despertar una comunidad y conjunto de voces que lo puso entre la espada y la pared. Y tal como pasó en Chile, ponerse a la defensiva es lo peor que se puede hacer.

Estos acontecimientos reflejan dos cosas más. Primero, que la figura de Francisco cae en medio de un contexto de fuertes polarizaciones políticas en el continente –y en cada país con un matiz particular–, donde la disputa entre proyectos socio-políticos, éticos y hasta económicos pone en jaque a cualquier agente social que pretenda visibilidad pública. "¿De qué lado estás?", parece ser la pregunta central para medir cualquier movimiento o palabra. Ser "políticamente correcto" o dar la imagen de "neutral" hoy no es un camino estratégico. Se es o no es. Se opta por un lado u otro. Muchos pensaban que Francisco estaba en una esquina, pero en realidad su posicionamiento es muchísimo más ambiguo de lo que aparenta. Mientras tanto, la ambivalencia de sus acciones en medio de este mar cada vez más dividido y revuelto, hace que su figura –y con ella, la de la iglesia– continúen quedándose en un "limbo" (nuevamente: virtual), que lo que hace es exasperar los posicionamientos presentes.

Segundo, todo esto también pone de manifiesto la complejidad de las identificaciones religiosas en el mundo globalizado contemporáneo. Estos procesos siguen reforzando el hecho de que hoy vivimos en un tiempo (¿pos-secular?) donde las formas institucionales y los discursos teológicos son cada vez más tensionados a partir de una comunidad de sujetos-creyentes que demandan, hablan, actúan, piden, cuestionan, sin dejarse consentir fácilmente con cualquier práctica acomodaticia, y menos aún de forma impuesta. Francisco viene intentando hacer un "lavado de cara" a la iglesia, cuando en el fondo del salón, detrás del portal del patio trasero, todo se mantiene casi igual (o inclusive se va acumulando). Así como advertimos un empoderamiento de la ciudadanía cuya acción supera hasta las más minuciosas predicciones políticas, de la misma manera el fenómeno religioso, las dinámicas de fe y los procesos de creencia ya no pueden ser fácilmente contenidos por una jerarquía institucional o un doblegamiento teológico. Si Francisco pretende mantener en paz la iglesia con simples gestos que no van de fondo y no atienden las demandas sociales sobre el rol de la institución, el fracaso chileno será sólo el primero.

LA LIBERTAD RELIGIOSA COMO "EXCUSA"

En América Latina, los debates en torno a la libertad religiosa van y vienen. A veces se originan por la creación de posibles marcos legales en algún país (actualmente lo vemos en Argentina y Puerto Rico, o en los recientes desenlaces en Bolivia, con la aprobación de la ley 1161 de Libertad Religiosa, Organizaciones Religiosas y Creencias Espirituales). Otras –tal vez la mayoría de las veces– por hechos o circunstancias que tocan fibras sensibles de la ya delicada relación entre el mundo religioso, la sociedad y las instituciones políticas, surgidos, por ejemplo, con los debates en torno a la despenalización y legalización del aborto, el matrimonio igualitario o la educación sexual, la legislación sobre terapias reparativas, cambios en la política de colegios profesionales, enseñanza religiosa en colegios, entre otros.

Hoy el tema parece que vuelve a la palestra. No sólo por su tratamiento en ciertos países en particular sino, principalmente, en espacios de deliberación regional y Sistema Interamericano, tales como la OEA, la Comisión Interamericana de Derechos Humanos y las Naciones Unidas. Los ejes principales evocados en estos casos no difieren de los abordajes tradicionales: libertad religiosa como libertad de expresión y desde la defensa de prácticas no discriminatorias. En otros términos, el énfasis se encuentra en el derecho de los sujetos creyentes y las comunidades religiosas a expresar sus creencias, de construir las mediaciones institucionales necesarias y tener el amparo legal correspondiente para hacerlo. El foco es la libre manifestación del agente (individual o colectivo) y todas las garantías necesarias para hacerlo.

Hasta aquí nada extraño. Pero si comenzamos a leer con atención los pequeños giros retóricos y argumentativos que poseen estas enmiendas o proyectos de ley, y más concretamente los objetivos que se podrían percibir de fondo, divisamos algunos posibles usos que insinuarían, con impactos impredecibles en términos de vulneración de derechos.

El aroma a sospecha se incrementa aun más al indagar sobre los actores que promueven estos debates, como también sus posibles intenciones políticas de fondo. Desde el campo religioso, identificamos redes de organizaciones basadas en la fe e interreligiosas, que hace tiempo vienen levantando su voz contra políticas relacionadas con los reclamos de la comunidad LGBTIQ, derechos sexuales y reproductivos, y otros temas de gran sensibilidad para espacios neoconservadores. Paralelamente, los Estados que acompañan estas iniciativas son también reconocidos por su resistencia a agendas en derechos humanos y políticas inclusivas.

¿Por qué son estos actores los que se levantan en este preciso momento de grandes tensiones regionales sobre ciertas agendas políticas? ¿Por qué levantar el avispero, aludiendo a la ahora tan ponderada libertad religiosa? Podríamos identificar suspicacias para nada inocentes: el concepto de libertad religiosa podría ser utilizado como excusa para instalar un amparo político y hasta legal con el propósito de oponerse, sin derecho a réplica, al reconocimiento de otras libertades, al cumplimiento de políticas públicas y a diversos acuerdos jurídicos y socio-políticos sobre temáticas *non sanctas* para algunas expresiones ideológicas en el mundo religioso. En otros términos, se apela a la libertad religiosa como marco de protección ante cualquier tipo de situación que infrinja el estatus del individuo o comunidad –específicamente en lo relacionado a su creencia religiosa particular–, lo cual se podría aducir como instancias persecutorias o prácticas discriminatorias.

A modo de ejemplo, ¿puede una comunidad religiosa reclamar el derecho de "libertad religiosa y de expresión" para justificar declaraciones difamatorias contra organizaciones de derechos humanos? Esta fue la discusión generada el año pasado (2018) tras la demanda del Movimiento de Integración y Liberación Homosexual (Movilh) a la Catedral Evangélica de Chile, donde se denunció a esta última –más específicamente a uno de sus pastores– por declarar en un evento público (transmitido, además, por redes sociales) que el Movilh estaba promoviendo el abuso de menores y la prostitución infantil al exigir la derogación y/o modificación del artículo 365 del Código Penal. La iglesia apeló su inocencia invocando el principio de libertad de expresión como entidad privada. Finalmente, la iglesia fue condenada al pago de $ 5.000.000 de pesos chilenos (cerca de 25 mil dólares) "a título de indemnización por daño moral". Valga destacar que dicha sentencia no fue sostenida en una legislación sobre expresiones religiosas, sino a partir del mismo código penal.

Caben mencionar otros casos de vulneración en nombre del supuesto respeto a un posicionamiento religioso: servidores públicos que se nieguen a reconocer la identidad de una persona trans, la privación de servicios y de atención a una pareja homosexual, un colegio confesional que no reconozca las prácticas religiosas de alguno/a de sus estudiantes, negación a brindar educación sexual (aunque lo estipule la ley) en escuelas por motivos religiosos, entre varios más.

En muchas de estas circunstancias, las entidades religiosas alegan discriminación e "imposición" por parte del Estado por la exigencia al cumplimiento de políticas públicas. Ahora, ¿puede excusarse en tal enmienda a un marco legal o político acordado según los mecanismos democráticos de una comunidad? ¿No sería, además, el mismo argumento de aquellos grupos y minorías que quedan desprotegidos por parte del Estado y las políticas públicas, a raíz de la oposición e incidencia de grupos religiosos que pretenden sobreponer sus opciones morales particulares a toda la sociedad? Entonces, ¿acaso la discriminación no se da también desde las comunidades religiosas?

·135·

En resumen, estos ejemplos muestran que se podría recurrir a la libertad religiosa (y todo su andamiaje político y legal) como una manera de obstaculizar otros derechos y libertades. Más concretamente, se adhiere a lo propiamente religioso una agenda política junto a perspectivas morales, pertenecientes sólo a ciertas voces dentro de un espectro religioso particular.

¿Estamos insinuando, entonces, que la libertad religiosa no es un asunto prioritario o que deba ser abordado? ¡Todo lo contrario! Más bien, hace falta profundizar sobre los puntos de partida que fundamentan su tratamiento. Aquí varios elementos a considerar. Primero, la libertad religiosa no debe estar ni por encima (ni por debajo) del respeto hacia otras libertades y consensos. No puede negarse el derecho al reconocimiento y cumplimiento de marcos legales y políticas sociales y públicas acordados a partir de los mecanismos democráticos correspondientes, en nombre de una fe particular (o más concretamente, desde una perspectiva moral específica legitimada a partir de una cosmovisión religiosa).

¿Por qué? Esto nos lleva a un segundo elemento fundamental: porque ninguna perspectiva religiosa está ligada a una única visión moral. Inclusive en el caso de que exista tal vinculación (al menos sobre algunos temas doctrinales específicos), tampoco se puede obligar ni a miembros particulares de una comunidad religiosa y menos aún a la sociedad general –donde conviven otro tipo de creencias, sean religiosas o no- a cumplirlas o negarlas. Dentro del cristianismo, el Islam, el judaísmo, el budismo o grupos indígenas, encontramos tensiones, divergencias y diferencias con respecto a temas como el aborto, la homosexualidad, el feminismo, entre otras agendas sensibles. Por esto, es inconcebible que en nombre de una religión se impongan (o nieguen) visiones sociales particulares, tanto a miembros del grupo con el que se identifica una creencia como a toda una sociedad.

Tercero, no podemos hablar de libertad religiosa fuera de un marco de derechos humanos. La libertad religiosa debe comprenderse como una condición de libertad e igualdad en términos de reconocimiento y profesión de creencias particulares, inscrita en un campo social donde otras libertades son abordadas, y que conciernen no sólo al "resto" de la sociedad, sino inclusive a las personas que forman parte de las propias comunidades religiosas en tanto ciudadanas y ciudadanos que merecen atención y respeto, más allá de lo que el liderazgo o ciertos dogmas de sus espacios de creencia dispongan.

Por último, una ley de libertad religiosa no debería tratar solamente la situación de vulnerabilidad de las comunidades religiosas en relación a los "otros". Es decir, no puede constituirse un marco legal que únicamente trate del comportamiento de la sociedad hacia las religiones en tanto personas sociales y legales. Aquí la gran limitación en vincular libertad religiosa exclusivamente con libertad de expresión o discriminación como únicos marcos de derecho, tal como predomina en abordajes nacionales e internacionales. También deberían tratar sobre las responsabilidades de las propias religiones y creencias en relación con otros campos de lo social y en respeto a un ambiente democrático plural, donde los consensos son alcanzados vía mecanismos reconocidos por la ley junto a todos los agentes de una sociedad, por lo cual deben ser respetados en su aplicación. Por ende, los ejes de discriminación, persecución e intolerancia deberían ser elementos no sólo vistos como acciones hacia las personas creyentes y comunidades religiosas, sino también como posibles actitudes de éstas hacia otros sujetos o consensos sociales.

El tratamiento de estos temas es fundamental para nuestro contexto político actual. El valor democrático de la libertad religiosa está siendo vilipendiado por intereses particulares de grupos religiosos y espacios políticos neoconservadores con agendas muy particulares, que vulneran consensos históricos en términos de derecho alcanzados. Es necesario un diálogo en profundidad, en estos tiempos donde la temática se debate en varios países en particular, como también en instancias como la OEA, donde este año (2019) se pretende emitir una resolución sobre derecho a la libertad de religión, creencias y expresión. La "negación laicista" por parte de algunas organizaciones de sociedad civil tampoco ayuda, ya que dicha actitud sólo dejará el camino despejado para que las voces hegemónicas controlen la agenda. Hay que crear más instancias de articulación, diálogo e intercambio para que la libertad religiosa como derecho fundamental no sea impedimento al respeto de otros derechos ganados, sino una instancia de promoción, inclusión y reconocimiento de los mismos.

USOS Y ABUSOS DE "LA IDEOLOGÍA" EN EL CAMPO RELIGIOSO

En los últimos meses las redes sociales se están inundando de imágenes, memes, artículos y videos que mencionan la palabra "ideología". Eso no es nada novedoso: el término está ya instalado en nuestra jerga y vocabulario de tal manera que es aplicable a todo tipo de casos, y que es común que reaparezca en una coyuntura de sensibilidades socio-políticas. Pero cabe destacar dos usos muy presentes hoy día: la llamada "ideología de género" y también varios abordajes que reclaman teorías conspirativas desde algo así como una "imposición ideológica", que atribuyen a la emergencia de discursos neo-marxistas y coetáneos.

Esto nos invita a profundizar un poco sobre el uso (y abuso) de este término, que al ser presentado de manera tan laxa deja ver, en el fondo, el desconocimiento que existe sobre su definición, y por ello claras intencionalidades (¿ideológicas?) sobre su manejo. La pregunta principal es: ¿qué es, entonces, la *ideología*? Sin pretender ser fastidioso, vayamos un poco a la historia (ya que si tanto apelamos al término, al menos invirtamos un par de minutos en saber de dónde viene). Según los especialistas, la expresión remite a 1798, al libro de Destutt de Tracy titulado *Elementos de la ideología*, que lo define como la "ciencia de las ideas", más concretamente sobre las dinámicas gnoseológicas en torno a las actividades materiales y concretas de los seres humanos, a saber, la política, el arte, la moral, el juicio, etc. Es decir, trata de las ideas que envuelven, legitiman, dan sentido y acompañan nuestras actividades cotidianas.

Pero sin duda, el término se popularizó con el trabajo de Karl Marx, quien a la existencia de estas ideas que enmarcan nuestras actividades, le suma el hecho de que muchos de esos sentidos en realidad remiten a un uso particular: la naturalización de un contexto que responde a un conjunto de intereses particulares de un grupo (el que se ve beneficiado por la situación), antes que a una especie de configuración inevitable y universal de las cosas. Por eso Marx habla de que la ideología dominante de una época pertenece a la de la clase dominante del momento.

Pero esto no queda aquí. Pareciera, en muchos de los comentarios que vemos circular, que todo queda en Marx (y los marxismos, que muchas veces no son un fiel reflejo de su referente), y que hablar de ideología es un equivalente a remitir a una lucha de clases (la cual ahora se refleja, para algunos/as, en otros tipos de polarizaciones contemporáneas). Nada más falaz que ello. El abordaje marxista, más allá de los elementos que podríamos considerar pertinentes para la actualidad, ha sido cuestionado y ampliado con el paso del tiempo. Más particularmente, se han debatido o matizado diversos aspectos de su andamiaje, tales como la restricción de la lectura de clases (especialmente la relación entre ideología y clase dominante), en su "economicismo" metodológico al leer las relaciones sociales sólo a partir de los medios de producción, en su manera cerrada de ver la determinación de los grupos sociales, entre otros. Obviamente, sobre todos estos puntos existen relecturas muy variadas y posibles de Marx.

Pero vale indicar dos cosas. Primero, que hay innumerables autores y escuelas que han trabajado ese tema, tales como la Escuela de Frankfurt, Louis Althusser, Michael Foucault, Jacques Derrida, Pierre Bourdieu, Ernesto Laclau, Judith Butler, Terry Eagleton, Slavoj Zizek, Gianni Vattimo, y muchísimos referentes más que podríamos traer, desde las ciencias humanas y sociales, que son en realidad los referentes más abordados en universidades y espacios políticos hoy día. Marx se remite como un punto ineludible en muchos círculos, pero no de manera exclusiva, tal como tendenciosamente afirman muchos hoy. Por ello, quienes indilgan el uso del término ideología remitiendo sólo al marxismo, pecan o de ignorancia o de malas intenciones, ya que ello dista de ser real. Tendrían que ser honestos/as (o tal vez estudiar más) y remitir a lo que realmente se enseña y afirma hoy en espacios educativos y políticos, dejando de apelar, al referir a dicho término, a ciertos fantasmas pasados que nada tienen que ver con el presente.

Siguiendo con esto, y volviendo a la pregunta que nos convoca, hablar de ideología, entonces, no es remitir únicamente a lucha de clases, imposición de ideas o totalitarismo. Menos aún a la existencia de una especie de "ola marxista" que impera en el fondo de todo pensamiento crítico, tal como sostienen muchos de los imaginarios contemporáneos (principalmente de corte religioso) que ven leninistas, marxistas, populistas y trotskistas hasta por debajo de las baldosas. Más bien, las reflexiones actuales sobre la ideología nos invitan a pensar que es imposible entendernos como seres humanos fuera de un marco ideológico, es decir, de un conjunto de elementos que marcan nuestra manera de ver el mundo. Esos elementos no son impuestos por una clase dominante sino que los vamos aprehendiendo desde nuestro entorno familiar, escolar, político, cultural y religioso, dentro de un proceso de instancias que nos encuadran (como los medios de comunicación o los discursos que aprendemos en la familia y la iglesia) como también de opciones y decisiones personales (ya que el sujeto nunca deja de ser activo en estos procesos).

¿Por qué entonces hablar de "ideología" y no de opiniones, perspectivas o pensamientos? Porque nuestras representaciones personales y grupales se inscriben en un marco mayor, donde existen otros tipos de posicionamientos, seamos o no conscientes de ello. En dicho encuentro, se dan inevitablemente luchas y conflictos, lo cual no implica algo negativo por sí mismo. En otros términos, lo ideológico destaca esa dimensión de *disputa de poder* que se gesta en cualquier espacio donde se encuentran distintas perspectivas, sea en la familia como en la escuela o la iglesia: no sólo hay representaciones sueltas sino discusiones a partir de su encuentro, por ende, son ideologías.

Aquí, entonces, dos conclusiones centrales. Primero, NADIE está exento de tener una ideología. *Todos y todas* las tenemos. Inclusive nuestras creencias religiosas están enmarcadas en intereses, cosmovisiones, historias personales, experiencias particulares, etc. Segundo, el hecho de que *todos y todas* tengamos ideologías, nos lleva a afirmar que la convivencia social implica aprender a lidiar con las tensiones inherentes al encuentro y diálogo a partir de esas diferencias que nos constituyen.

Es en este punto donde surge un gran problema y reduccionismo con todos los videos y discursos que vemos últimamente circular por las redes: la acusación sobre el adversario de su determinismo ideológico, sin reconocer el propio. Es decir, se habla de ideología para condenar a quien piensa distinto, poniendo al otro en el lugar de lo "intencionado" o "subjetivo", mientras los acusadores se colocan en el campo de lo "neutral", lo no-ideológico, lo desinteresado, es decir, lo objetivo y universal.

Esto se ve muy claramente en el extendido uso del término "ideología de género". Esta popularizada idea es falaz desde donde se lo mire, ya que la cuestión de género no comenzó a tratarse con los movimientos de reivindicación de la diversidad sexual o con el debate en torno a la despenalización o legalización del aborto. La **teoría** de género es una corriente que tiene una larga historia, que va desde la ciencia hasta la política. Básicamente ella plantea, en primer lugar, que la sexualidad es un elemento central en nuestra socialización (es decir, muchas de nuestras visiones y prácticas sociales están determinadas por la manera en que definimos la sexualidad), y en segundo lugar, que las formas de comprender la sexualidad cambian con el paso del tiempo. Por este último factor, se debe atender al hecho de que muchas de las comprensiones sexuales que naturalizamos (así como cuando remitimos a que existen imaginarios ligados a nuestra biología), son en realidad cosmovisiones particulares que tienen un punto de partida en lo cultural, y no necesariamente se ubican en nuestro ADN.

Permítanme usar un ejemplo bíblico. ¿Sabían que es muy probable que José y María hayan sido lo que hoy entendemos como adolescentes al momento de concebir a Jesús (la expectativa de vida por entonces no superaba los 35 años), y que su casamiento fue, como todos los de la época, un arreglo familiar? Inclusive hasta podríamos especular que José tenía por encima de los 18 (era mayor de edad a los ojos modernos) y María no llegaba a los 15. ¿Acaso no nos confrontaríamos con varios dilemas éticos si vemos esto a través de los ojos actuales, donde no existe tal cosa como el casamiento por arreglo (al menos en sociedades occidentales) y donde la minoría de edad tampoco concibe tal unión? A esto nos referimos con una lectura desde la perspectiva de género: a ubicar los modos en que cambian las nociones sobre la sexualidad y las relaciones sociales por los propios cambios históricos. ¿Es tan difícil de entender que el abordaje de género tiene que ver con las mudanzas en la manera en que entendemos la familia, la sexualidad, los cuerpos, comparándola con la de nuestros padres, abuelos, etc.? Más aún, ¿por qué no somos honestos al afirmar que lo que hoy llamamos "familia nuclear", "familia tradicional", es también una construcción histórica que desde hace unos pocos siglos –más concretamente con la revolución industrial– se comenzó a enarbolar como "germen de la sociedad"?

De aquí, entonces, que hablar de tal cosa como "ideología de género" no es más que remitir a una falacia, motivada por una perversa finalidad condenatoria y acusatoria, y no explicativa. ¿Por qué? Primero, porque parte de una visión peyorativa del término, poniendo al contrincante del lado de "lo ideológico" como lo subjetivo, y ubicando lo propio del lado de "lo científico", como si ello es hablar de carencia de particularidad. Segundo, porque remite a un importante desconocimiento de la teoría de género y de los propios discursos y abordajes, que, valga decir, son exactamente igual o más científicos –ya que existen cuantiosas obras filosóficas, antropológicas y sociológicas, que muchos detractores de "la ideología de género" ni mencionan, seguramente por impericia– de las teorías biologicistas a las que remiten.

Este es un llamado, entonces, a tener mucho cuidado en el uso de "la ideología". Más aún, a ser honestos/as y dejar de adjudicar a huecas acusaciones conspirativas sobre quienes presentan una posición distinta a la propia, y reconocer que todos y todas partimos de una ideología, y por ser tal, remitimos a un marco particular, que puede ser cuestionado, ampliado, transformado, etc. Cada quien se enmarca inevitablemente en un determinismo. El desafío, entonces, no es ver quién gana a través del uso de la acusación mejor teatralizada (en este caso, indilgando "ideología" al otro), sino, tal como requiere un espacio democrático, aprender a sentarse frente a frente, para conocer realmente el lugar del que otro parte (algo que los anti-ideología-de-género carecen en profundidad ya que ni siquiera saben mencionar un solo/a referente del tema) y debatir con argumentos válidos, reconociendo que ninguna de las partes puede adjudicarse la verdad universal sobre una realidad que nos excede, ya que, al fin y al cabo, cada quien opta por su camino, más allá de los marcos sociales. Pero esto no quita que debe existir un Estado que atienda a la diversidad de demandas existentes en la sociedad y construya políticas que responda a las diversas problemáticas que se gestan, más allá de las posiciones particulares de personas, creencias e instituciones.

La vinculación que hay entre la ideología, el marxismo y el género, como si fueran tres patas de una conspiración global trosko-leni-comunista, no es más que una gran mentira que apela a la ignorancia (inflada con grandes citas bibliográficas y revisionismos históricos sacados completamente de contexto) para no enfrentar un debate real, sin acusaciones, sin *fake news*, sin desinformación y con intercambio de perspectivas serias. Será por esa razón –es decir, la legitimación de un espacio irrenunciable– que a grupos "pro vida" les gusta tanto utilizar el positivismo científico, desconociendo las ciencias sociales y filosóficas, que nos llevan precisamente a reconocer nuestro lugar de contingencia e inevitable marco socio-cultural. En el fondo, todo remite al temor y al desconocimiento del otro.

PAÑUELOS POR EL ESTADO LAICO EN ARGENTINA: RIESGOS Y OPORTUNIDADES

Uno de los coletazos que ha traído el proyecto por la despenalización y legalización del aborto en Argentina ha sido el poner nuevamente sobre la mesa la necesaria discusión en torno a la separación entre Estado e Iglesia. Ya a inicios de 2018 se vivió una indignación generalizada al conocerse sobre los 130 millones de pesos (unos 4.6 millones de dólares al cambio vigente) que el Estado argentino otorga a la iglesia católica para cubrir los sueldos de la curia, los estudios de seminaristas y otros gastos "filantrópicos". Pero el debate sobre el aborto ha mostrado que la vinculación orgánica entre Estado e iglesia sobrepasa lo financiero, y mete la cola como un factor determinante y excluyente en el tratamiento de políticas públicas, donde los intereses particulares (entre ellos religiosos) no deberían ser condicionantes.

De aquí nace un conjunto de campañas, surgidas en el seno de diversos movimientos tanto feministas como de sectores políticos universitarios, que están militando fuertemente para que el concepto de Estado laico deje de ser virtual, y pase a ser una realidad, tanto en términos de uso de fondos públicos como, principalmente, en el sano y plural debate democrático sobre políticas públicas, sin condicionantes ni preferencias. Estas campañas se identifican por el "pañuelo naranja" y el "pañuelo negro". Los planteos son similares, aunque sus orígenes y niveles de visibilización difieren. No son discursos nuevos, ya que instancias como la Coalición Argentina por el Estado Laico (CAEL) y otras agrupaciones que trabajan en temas de diversidad religiosa han planteado agendas similares hace ya muchos años.

Más allá de que estas campañas cristalizan reclamos históricos en el país, como sabemos, las coyunturas políticas son determinantes para que ciertas demandas puedan canalizarse y lograr su cometido. La discusión en torno al aborto ha abierto una vez más esta puerta. Pero también es necesario advertir que la eficacia para aprovechar esta brecha dependerá de cómo se construyan las propuestas y discursos, especialmente en lo que respecta a la manera de entender lo religioso y su relación con el espacio público. En este sentido, cabe señalar que existen ciertos reduccionismos en las concepciones de fondo dentro de ambas iniciativas.

Hay dos elementos a simple vista que son necesarios advertir. Primero, que la atomización –mal endémico del progresismo latinoamericano– no sirve ni es estratégico. La existencia de dos campañas paralelas sobre un tema tan importante, que además están prácticamente desvinculadas con muchos de los espacios históricos que vienen sosteniendo hace décadas el debate sobre Estado laico en el país, no hace más que restar eficacia y desarticular estrategias. Debemos dejar de lado los egoísmos y particularismos, para tomar en serio y de forma articulada una bandera que, como se viene reclamando hace mucho tiempo, es fundamental para la construcción de un ambiente democrático sano, tal como representa la separación entre Estado e iglesia.

El segundo elemento a destacar es el hecho de que una discusión en torno al Estado laico no puede darse desconociendo la profundidad del heterogéneo campo religioso argentino. El cuestionamiento al lugar de privilegio de la iglesia católica sin duda es el tema más importante. Pero cuando hablamos de laicidad, no nos podemos referir sólo a ello, sino también a cómo se aborda todo el fenómeno religioso en Argentina. Más aún, me atrevo a decir que en ambas campañas reside un desconocimiento sobre muchos factores en torno al concepto de laicidad, secularización y la diversidad de expresiones religiosas, con lo cual algunos de sus discursos terminan siendo más bien clichés antes que argumentos coherentes e informados.

Pero hay un tema que me parece aún más preocupante, que es la invisibilización de voces religiosas críticas en estos debates. Aquí dos hipótesis. La primera es que **una cosa es hablar de la separación entre iglesia y Estado, y otra poner en cuestionamiento (o directamente ignorar) el lugar público de las religiones**. No se pueden confundir los tantos. Las identificaciones religiosas –mal les pese a muchos/as– representan uno de los espacios más importantes de construcción de subjetividades, identidades y dinámicas comunitarias. Más allá de la crisis de las instituciones religiosas, el creer como elemento constitutivo de la vida social no solo no ha menguado, sino que se ha diversificado y extendido con el paso del tiempo, más aún en nuestra era "posmoderna".

Por esta razón, las creencias religiosas son un asunto público. Esto no quiere decir que se deba financiar ni privilegiar ninguna expresión en particular (¡ni a todas por igual!). La vinculación entre religiones e institucionalidad pública pasa por otro lado que sólo el uso de fondos. Las religiones tienen tal peso sobre las decisiones sociales, que deben tener un lugar central en las dinámicas políticas y públicas, no con el objetivo de "regular" sino más bien visibilizar, acompañar y articular, de la misma manera que se hace con otros grupos y discursos identitarios. En este sentido, lo religioso no debería ser un campo más importante que otros grupos que reclaman ser escuchados, pero tampoco menos, al punto de decir que las creencias nada tienen que ver con la vida pública.

La discutida ley de libertad religiosa que se encuentra entre vaivenes sobre los escritorios del Congreso, puede ser una oportunidad para abordar este escenario. Pero mientras dicho proyecto siga manteniendo el tema de "objeción de conciencia" como un punto a tratar (siendo que es un elemento que no debería ser constitutivo del abordaje de lo religioso sino que compete a otros ámbitos; aquí vemos claramente la influencia de ciertos grupos cristianos y la imposición de sus agendas morales sobre la regulación del campo religioso en general), el lugar de privilegio de la iglesia católica y el exceso de poder que se le otorga a la secretaría de cultos en términos de regulación sobre las comunidades religiosas, dicho proyecto será inviable, ya que en nombre de la diversidad religiosa se sigue legitimando la asimetría institucional entre las creencias, además de mantener la puerta abierta para que algunas voces mantengan un monopolio sobre los asuntos públicos.

Pero aquí surge la segunda hipótesis: **las posiciones laicistas que han asumido diversas organizaciones de la sociedad civil y ciertos sectores políticos, donde se desestima por completo el lugar de lo religioso, han dejado el portón abierto de par en par para que voces fundamentalistas y neoconservadoras copen el escenario con posicionamientos monopólicos sobre lo religioso**. En

·147·

otros términos, debido a la "virtualidad" de las dinámicas laicas en nuestra clase política, las voces religiosas institucionales han aprovechado para ganar terreno –el cual vienen ocupando hace ya mucho tiempo, de manera casi sigilosa pero constante–, y ahora se transformaron en actores centrales para la legitimación de agendas conservadoras y de oposición a diversos proyectos de ley sensibles, tanto en el campo político institucional como social.

Sabemos que para contrarrestar voces monopólicas, es necesario visibilizar el sentido de pluralidad con el objetivo de desmontar cualquier intento de homogeinización. Esto en la religión como en la política, la cultura y el campo social en general. Por ello, considero un gran riesgo el hecho de seguir planteando que lo religioso debe quedar subsumido a lo privado, sin que las creencias sean "expuestas" a confrontarse (y ser confrontadas) con diversos agentes sociales y sobre temas que conciernen a toda la sociedad (de la que ellas forman parte). Más aún, más allá de que existan posicionamientos institucionales mayoritarios, ninguno de ellos encarna la totalidad de opiniones y perspectivas presentes en una comunidad religiosa, ya que toda creencia siempre constituye una gran heterogeneidad interna, al punto de encontrar enfoques antagónicos en una misma identificación de fe.

Esto se pudo ver en el debate sobre el aborto, donde al mismo tiempo que nos encontramos con numerosos grupos religiosos "pro vida" y anti-aborto, también vimos teólogas, comunidades religiosas y eventos ecuménicos que dieron cuenta de discursos, individuos y organizaciones que estaban a favor de la ley, y que trabajaron mano a mano con distintas organizaciones.

De aquí que las campañas de los pañuelos por el Estado laico pueden simbolizar una gran oportunidad para, de una vez por todas, lograr una separación real entre iglesia católica y Estado. Pero también se puede correr el riesgo de seguir "haciéndole el juego" a los discursos conservadores y fundamentalistas hegemónicos, si se continúa planteando que dichos posicionamientos representan las únicas voces presentes en el campo religioso, y al no dar cuenta de que existen otras agendas, otras miradas y otras teologías que van de la mano con una militancia comprometida con los derechos humanos. Por ello, la necesidad de más diálogo, de articular con voces religiosas críticas y de dejar los clichés y reduccionismos de lado, para adentrarse a conceptos más complejizados sobre lo religioso y su incidencia social.

IR MÁS ALLÁ: ESBOZOS TEOLÓGICO-POLÍTICOS

EL MIEDO A LA DIFERENCIA

Allá por inicios de los '40, el conocido psicoanalista y filósofo Eric Fromm publicaba un libro titulado *El miedo a la libertad*, donde trabaja de manera magistral la paradoja que existe entre la predicación de la modernidad sobre el paraíso de la libertad humana en la parafernalia del progreso, y la realidad que se evidencia en el miedo que atraviesa el "hombre moderno" en el encuentro solitario consigo mismo. Se pregonaba algo que no se podía lograr, a lo que se temía profundamente: asumir el propio lugar. ¿Cómo puede temerse al desarrollo de uno de los aspectos más elementales de nuestra existencia?

Esta pregunta vino a mi mente al pensar sobre otro aspecto elemental de nuestra humanidad, como es la *diferencia* que nos constituye como personas y comunidad social.

Ya lo sabemos y lo predicamos por doquier: "somos distintos", "hay que promover el diálogo", "debemos aprender unos de otros", entre muchos otros clichés que tanto escuchamos por allí, cuya enunciación no es más que la representación más suprema de lo "políticamente correcto". Pero esto choca con una realidad que vemos con la misma circulación: xenofobia, discriminación, misoginia, exclusión de prácticas, ideas y propuestas que se muestran distintas a lo normativizado. Todo esto, muchas veces, cargado de actos de violencia: silenciamientos sistemáticos, imposición de etiquetas a ese "otro/a" enemigo, juicios divinos ("esto no es voluntad de Dios"), hasta las acciones más bizarras y absurdas de castigo y persecución.

Lo diferente da miedo. Existe un fuerte temor frente a aquello que se presenta distinto, extraño, transgresor, alternativo a "mi" lugar, "mis" ideas, "mi" pensamiento, "mis" perspectivas, "mis" opiniones. A lo "nuevo" nunca se le abre la puerta fácilmente (si es que eso ocurre finalmente) Lo que prima es la sospecha, a partir de la cual se crea todo tipo de fantasías, mitos, y se construyen argumentaciones de las más diversas para intentar demostrar que "lo de siempre" es lo verdadero, lo objetivo, lo normal y lo sano. Aquello que emerge como novedoso, es en realidad un intento de desbaratamiento y amenaza al orden.

Pero en los espacios religiosos hay un *plus* un tanto perverso. En realidad, esos lugares de seguridad no se esgrimen como espacialidades subjetivas, opiniones personales o lugares contingentes, sino que se envuelven sobre un manto divino. En otros términos, dichos posicionamiento representan, en realidad, lo que Dios mismo dice, quiere y dispone. En otro lugar llamo a esta operación *tercerización teológica de lo subjetivo*. No hay un reconocimiento de la subjetividad que atraviesa todo tipo de construcción religiosa, posicionamiento dogmático, interpretación bíblica o práctica eclesial. Se barre con cualquier sesgo contextual para imprimirlo en un "siempre ha sido así" o "es lo que Dios dice", desde una visión escatológica clausurada de las dinámicas históricas.

¿Por qué nos cuesta reconocer que nuestras acciones, pensamientos, posicionamientos teológicos e interpretaciones bíblicas son siempre subjetivas? ¿Acaso la misma Biblia misma no representa un texto plural, plagado de perspectivas, muchas de las cuales inclusive se encuentran en tensión entre sí? ¿Por qué no aprendemos de la historia de la iglesia, con sus idas y vueltas, con sus marchas y contramarchas, y su heterogeneidad constitutiva, como también de los grandes errores (¡y horrores!) que formaron parte de su peregrinar cuando muchas de sus expresiones eran enarboladas como Verdad Absoluta?

Pero no. No aprendemos. Necesitamos vivir en esa fantasía mesiánica de que somos capaces de expresar genuinamente "lo que Dios quiere". Parece que el mito de la línea roja directa con lo divino se mantiene activa (y no solo en el cristianismo, lo que hace al tema aún más complejo) Pero esto no es más que el espejo de distintos tipos de problemas que entran en juego, y que están conectados. Por un lado, un problema estrictamente teológico, que se vincula con la construcción de una definición clausurada de lo divino, donde el término "pluralismo" queda fuera de juego, y hasta demonizado. No es posible comprender que, como decía Lutero, Dios se muestra en la historia, pero a la vez se mantiene escondido en y de ella. Por ende, ningún nombre o corriente puede esgrimirse como la verdad finiquitada sobre la revelación divina. Tampoco aprendemos que los nombres que le damos a Dios siempre emanan de nuestras experiencias históricas concretas (por eso hablamos de lo divino como Padre, amor, salvador, etc.) No son características esenciales que describimos cual objeto mesurable sino, más bien, descripciones de *encuentros*. Por otro, hay un problema ligado directamente a las dinámicas de poder. Detrás (y no tanto) de toda definición cerrada de lo divino se inscribe siempre un campo de poder particular, que pretende utilizar dicha referencia como discurso legitimador, sea un dogma, una posición o una preferencia institucional.

El temor a la diferencia y la clausura de la inherente pluralidad que nos constituye implica cercenar la riqueza de la manifestación de lo divino en nuestra realidad, como también deshabilitar nuestro mismo contexto y dinámicas existenciales a la posibilidad de ser siempre distintas, de abrirse a lo nuevo, a lo enriquecedor. Por ello, existe un gran desafío teológico que reside no sólo en un cambio en las concepciones mismas de lo divino (un reto hermenéutico) sino también en las formas en que concebimos las maneras de llegar a tales construcciones discursivas (un reto epistemológico)

En este sentido, podemos considerar algunos elementos como ejercicio para habilitar una nueva dinámica teológica que permita superar los reduccionismos y saltar los muros que enarbolan estos falsos temores y prejuicios. Por un lado, dar cuenta de la inevitable conjunción entre las experiencias subjetivas, las creencias particulares y las definiciones de Dios, con las limitaciones y riquezas que ello implica. Por otro, habilitar espacios de diálogo entre distintas perspectivas religiosas y teológicas, como camino para construir puentes que promuevan la importancia que posee el encuentro con el otro como instancia deconstructora de mi propio lugar, y así proponer miradas alternativas a partir de la superación (pero no anulación) de las particularidades y la riqueza de lo plural.

La diferencia nos constituye. Somos en la diferencia (¿acaso lo trinitario no es la mejor metáfora de esta realidad?). Lo plural nos atraviesa como sujetos, como iglesias, como instituciones. Los discursos, dogmas y teologías son siempre contingentes y finitos, y muestran solo un reflejo de la inabarcable manifestación de lo divino. No tomemos este principio como simple Perogrullo o como una declaración romántica. Abracemos la riqueza de lo diferente y lo plural como una opción teológica, porque es en ese escenario plagado de miradas, visiones y rostros donde lo divino juega con nosotros, mostrándose y escondiéndose al mismo tiempo, manteniendo abierto su misterio para seguir caminando en el sendero de la expectativa continua, la cual nos moviliza y a su vez nos expulsa de cualquier estancamiento que pretenda anquilosarse en lo inamovible.

ECONOMÍA Y VIDA PLENA: REFLEXIONES EN TORNO AL DÍA DEL TRABAJADOR

En el día del trabajador se recuerda un terrible hecho de la historia: los "Mártires de Chicago", un grupo de obreros que a finales del siglo XIX fue ejecutado debido a su participación en diversas jornadas de protesta, en reclamo por una mejora en sus derechos laborales. Es un acontecimiento donde se conmemora la tragedia resultante de una tensión aún presente en nuestras sociedades: la injusticia que viven millones de personas a razón de la exclusión que crean mecanismos de producción, al igual que ciertas ideologías que fomentan el valor del consumo y la ganancia por sobre la vida y dignidad humanas.

¿Qué significa el trabajo para la sociedad actual? Una buena mayoría puede verlo como aquella tarea irremediable para "llegar a fin de mes" y cubrir los gastos del día a día. Otros, como el camino para alcanzar distintas metas, sean una posición, un estatus social, la adquisición de ciertos bienes, etc. No nos olvidemos de aquel segmento mayoritario muy presente en nuestras sociedades que ve el trabajo como algo inalcanzable, como aquello lejano que sólo llega a algunos afortunados que están preparados o que poseen los contactos necesarios.

Como decíamos al inicio, el trabajo suele ser visto como un espacio de tensión. La fuerte exigencia del mercado y su performance hace de los trabajadores piezas de una maquinaria que en muchas ocasiones olvida su cuerpo, sus sentimientos, su contexto y, por sobre todo, su humanidad y dignidad. Pasan a ser objetos fácilmente descartables al no responder como se espera, donde el presupuesto prioriza otros intereses "más rentables". Ni hablar de las relaciones injustas que se producen entre patrones y empleados, cuyas demandas no tienen sentido más que el aprovechamiento de un espacio de poder.

No quiero ser pesimista, pero hoy día injusticia es un sinónimo de trabajo.

Qué visión tan distinta encontramos en los textos bíblicos. Comenzando desde el Génesis, donde el trabajo de la tierra es una bendición directa de Dios (1.29). Hoy diríamos que es un "derecho inalienable" de cada persona contar con lo que necesita para satisfacer sus necesidades mas básicas y lograr desarrollarse como sujeto. Es un derecho exigido por Dios mismo.

Encontramos también un fuerte juicio contra aquellos que oprimen y promueven prácticas laborales injustas. El inigualable pasaje de Levítico 25, donde se establece el año del Jubileo como práctica para impedir la acumulación de propiedades y promover la justa distribución de la tierra para el uso de todos, sentencia: "No se explotarán los unos a los otros, sino que temerán a su Dios. Yo soy el Señor su Dios" (v.17). Podemos ver que la justicia posee un epicentro teológico: la igualdad se deposita en que todos/as somos creación divina, y por ello mismo poseemos los mismos derechos frente a lo que Dios nos cedió.

En Deuteronomio 24.14-15 encontramos lo siguiente: "No explotarás al jornalero humilde y pobre, ya sea uno de tus hermanos o un forastero que residen en tu tierra, en tus ciudades. El mismo día le darás su salario, y el sol no se pondrá sobre esta deuda, porque es pobre y de ese salario depende su vida. Así no clamará contra ti a Yahvéh, y no te cargarás con un pecado". Vemos, entonces, que las relaciones económicas injustas son pecado. De aquí el llamado constante de los profetas a obedecer estos principios y denunciar a aquellos que se aprovechan del derecho del prójimo, especialmente de los más pobres, para beneficio propio (Am 4,1; 6,3-6; 8,4-6; Miq 2,1-5; 3,9-12, entre muchos otros pasajes).

En el Nuevo Testamento, encontramos a un Jesús haciendo un llamado a vivir una vida justa y simple. "¿De qué le sirve al hombre ganar el mundo entero si arruina su vida?" (Mc. 8,36) Para Jesús, el valor de la vida no pasa por la obtención de bienes materiales sino por amar al prójimo. Por ello nos advierte: "Donde esté tu tesoro, allí estará tu corazón" (Mt 6.21) Podemos ver, además, este principio en sus fuertes palabras contra los ricos, en la misma dirección que lo denunciaban los profetas (Lc 6.24-26; ver también 1 Tm 6.17-19, Stg 5.1-6).

Con este somero vistazo de algunos pasajes bíblicos, vemos que las actividades económicas de las personas y grupos sociales son un tema fundamental para Dios. Más aún, es una capacidad con la que fuimos creados para desarrollarnos como seres humanos integrales y para satisfacer nuestras necesidades más básicas. La falta de trabajo, la pobreza, la injusticia, son contrarios a la voluntad divina. Más aún la explotación y la opresión. Dios cuida de su creación y hace un enfático llamado a la justicia.

Qué bueno sería que como iglesia podamos promover, en contraposición al binomio trabajo-injusticia, la relación fuertemente bíblica entre trabajo y vida plena. Estar del lado del Dios creador significa comprometerse con el bienestar de todos los aspectos de la vida. La iglesia es un importante actor social que puede lograr que ciertas demandas se escuchen con claridad. Frente a la memoria que nos evoca el día del trabajador, comprometámonos, desde la "memoria bíblica" del Dios preocupado por su creación, a denunciar las injusticias y promover espacios laborales sanos que sirvan a la dignificación de las personas en todos los aspectos de su vida.

EL COOPERATIVISMO COMO ESPACIO DE IDENTIDAD POLÍTICA Y TEOLÓGICA

Al hablar de cooperativismo, nos referimos a un movimiento que tiene una larga historia. Desde una mirada más particular, nos podríamos retrotraer a los procesos entre las clases obreras inglesas a fines del siglo XIX, donde nacen las primeras cooperativas de consumo como un intento de organización frente a los abusos sufridos por las lógicas mecanicistas de la economía capitalista vigente. Actualmente existe la Alianza Cooperativa Internacional (ACI), una organización que nuclea diversos esfuerzos y promueve el cooperativismo como una alternativa de economía social.

Desde una perspectiva más amplia, podemos ver este movimiento no sólo como un modelo alternativo de economía social sino también como una propuesta de construcción ciudadana y de cosmovisión política. Esto lo vemos en los mismos principios que sustentan el movimiento -"ayuda mutua, responsabilidad, democracia, igualdad, equidad y solidaridad"- que reflejan el intento por reconstruir un sentido comunitario, a través de mecanismos de identificación con una nueva forma de ser y hacer frente a las prácticas económicas y políticas vigentes.

Hay tres elementos centrales que caracterizan los movimientos cooperativos: el lugar del trabajador como sujeto activo, la reconstrucción de las relaciones laborales en un marco democrático y la definición de un espacio de acción "micro" (a comparación del tipo macroeconómico capitalista), que acerca (o reintegra) el sentido de lo cooperativo a la cotidianeidad de sus miembros, y que implica, a su vez, la construcción de una red con otros esfuerzos cooperativos, con la intención de satisfacer diversas demandas.

Estos elementos nos muestran cómo el cooperativismo es también una alternativa de construcción política, un espacio de representación y de subjetivación a partir de un contexto de participación conjunta donde todos y todas tienen voz, fundamentado en (o como reflejo de) las ideas de justicia e igualdad. De esta manera, "lo político" en tanto práctica se redefine, de una comprensión jerárquica, institucionalizada y diferencial a una participativa, comunitaria y plural. Más aún, lo político "vuelve a la mesa" frente a la apatía y la desilusión hacia las instituciones tradicionales.

Desde una perspectiva política, podemos identificar los siguientes elementos en el cooperativismo. En primer lugar, la apertura de un espacio de tensión y cuestionamiento frente a estructuras y prácticas institucionalizadas y masificadas, que subsumen los cuerpos y acallan las voces. En segundo lugar, la primacía del sujeto como protagonista de su historia, por sobre cualquier marco institucional o ideológico. Tercero, la creación de un espacio plural que representa, por un lado, el mismo proyecto cooperativo (a través de su constitución democrática) y, por otro, la relación entre los distintos esfuerzos de cooperación, como una manera de crear una red donde se dialoga, se comparte y se socializa.

Desde una mirada teológica, y sin pretender una lectura forzada, podemos encontrar en los textos bíblicos ejemplos de prácticas cooperativas en el sentido hasta aquí analizado. Israel es llamado a ser un pueblo cuyas relaciones económicas y socio-culturales debían ser regidas en un marco de participación, equidad y justicia. Tales prácticas se diferenciaban tanto de las costumbres de los imperios circundantes como del modelo monárquico, con el cual entraban en tensión. Los textos proféticos reflejan claramente dicha tensión, entre las fuerzas políticas, religiosas y económicas que presumen un monopolio, y prácticas alternativas que llaman a volver a una configuración justa de la economía y del lugar de las minorías excluidas. Estas prácticas se proyectan hasta las primeras comunidades cristianas como espacios de construcción política que cuestionan las lógicas imperiales monopólicas (Hch. 2.41-47, 4.32-35).

Un pasaje ejemplar es Levítico 25, texto que trata las leyes del Jubileo en contraposición a las premisas del modelo monárquico de Israel.[1] El "año del Jubileo" remite a la práctica

---

1 Ver Nicolás Panotto, "Entre la (i)lógica del mercado y las leyes del jubileo" en *Revista Kairós*, Nro.21. Buenos Aires: Fundación Kairós, 2008, pp.20-21.

de hacer descansar la tierra luego de seis años de trabajarla (vv.1-7), a partir de amplias normas comunitarias: la tierra debe servir al abastecimiento de las necesidades básicas de la comunidad (v.7), no puede ser utilizada como medio de transacción y de acumulación (vv.23-28), tampoco debe emplearse para explotar a los más pobres (vv.16-17) sino estar al servicio —sin restricciones e intereses agregados— de los más necesitados y de los extranjeros (vv. 35-38). Es un año donde se reconoce la libertad de todos los habitantes (v.10), como declaración dignificante del lugar de cada persona en tanto sujeto que decide, y no de sumisión a estructuras o prácticas monopólicas. Todo esto se funda en un "sentido básico": la tierra es de Dios, por lo cual ella, sus frutos y las mismas personas no pueden ser monopolizadas.

En otras palabras, las leyes del jubileo, más que "leyes" en el sentido estricto, son una memoria (v.38) que cuestiona todo aquello que intenta establecerse como práctica expropiadora e injusta, y que coopta la libertad de la comunidad y de sus individuos. Esto mismo muestra quién es Dios: es el Dios cuya prioridad es crear un espacio de movimiento y no de cercenamiento en estructuras o prácticas opresoras; un lugar de construcción de sentido donde todos y todas tienen voz y deciden; una comprensión de la identidad siempre abierta a movimientos constantes. La creación de este espacio cuestionante y liberador es, precisamente, la enunciación de una forma de ser, de una identidad; o sea, de una política. Más aún, es una manera de entender a Dios mismo. Estas mismas prácticas simbolizan la creación de una identidad teológica que se caracteriza por un constante movimiento que se opone a todo marco –económico, político, social y religioso- cuyo costo sea la sumisión de los cuerpos, las acciones, las mentes y los afectos.

Desde esta mirada teológica, podemos ver al cooperativismo como un movimiento cuya lógica implica el cuestionamiento de los fundamentos cercenantes de la impronta neoliberal en el capitalismo vigente (y también de ciertas corrientes progresistas), que recluyen la acción humana en unas pocas leyes preestablecidas. Es un movimiento que abre un espacio a prácticas democráticas donde la identidad se crea desde una heterogeneidad siempre abierta a las voces que la componen. Refleja, en palabras de Franz Hinkelammert, la tensión entre la ley (del mercado, de la ideología, de las estructuras políticas y religiosas) y el sujeto (la comunidad cooperante).[2] En la misma línea, Jung Mo Sung habla del reino de Dios como aquel horizonte utópico que abre la historia a un devenir constante, en donde los mismos sujetos adquieren tal condición frente a su posibilidad intrínseca de ir más allá de cualquier tipo de determinación legal, sea ideológica, religiosa, económica o política, de izquierda o de derecha. De aquí que el sujeto no es una sustancia sino una "'ausencia que grita', una potencialidad o un conjunto de potencialidades que posibilitan al ser humano oponerse y resistir a la reducción pretendida por el sistema social dominante".[3]

Los textos bíblicos nos muestran, entonces, un Dios que se opone a los intentos monopólicos de los poderes económicos, religiosos, políticos y culturales, promoviendo la creación de un espacio de inclusión, participación y libertad. Estas características representan la identidad del pueblo. Pero no cualquier identidad: es ciertamente una identidad teológica. Y es la apertura –si me permiten decirlo así– de este tipo de "espacio cooperativo" que refleja una noción radical de lo democrático: no una instancia legal dominada por una serie de prerrogativas sino un contexto plural de participación, donde todos pueden crear su historia en un marco de libertad, equidad, participación y justicia.

---

2 Franz Hinkelammert. *El grito del sujeto*. San José: DEI,1998.

3 Jung Mo Sung. *Sujeto y sociedades complejas*. San José: DEI, 2005, p.68.

CONFLICTO E IDENTIDADES POLÍTICAS: UNA MIRADA TEOLÓGICA

Estamos viviendo en un tiempo caracterizado por el surgimiento de una serie de conflictos sociales, impresos en distintas etiquetas, respondiendo a situaciones y contextos muy diversos, y experimentando procesos en distintos niveles. "Los indignados", los movimientos estudiantiles en Chile, Brasil y Colombia, la ola de protestas en Medio Oriente contra regímenes históricos en el poder, entre otros. Existen otros movimientos jóvenes, como aquellos representados en el Foro Social Mundial que, aunque ya tiene una historia propia, es tal vez la instancia más "organizada" que nuclea un heterogéneo conjunto de movimientos sociales, partidos políticos y agrupaciones que se encuentran en los márgenes de las estructuras políticas tradicionales.

Todos y todas sabemos que estos fenómenos no son algo nuevo o característico exclusivamente de nuestros tiempos. La historia tiene innumerables ejemplos de procesos conflictivos que han transformado el curso de sociedades enteras. Lo que queremos pensar es el *después* de estos sucesos. Los ejemplos abundan: desde la represión y asfixia de cualquier movimiento alternativo, hasta la fosilización de la particularidad emergente en un totalitarismo semejante –y a veces peor– de aquel al cual respondió inicialmente. Las preguntas en torno al después de lo que está sucediendo hoy día ya circulan: ¿hasta cuándo seguirán protestando los estudiantes? ¿Pueden los indignados, desde su "espontaneidad", lograr un cambio real sin organizarse? ¿Qué implica la intervención de la OTAN en Medio Oriente en la creación de un "régimen democrático"?

Tengo dos intensiones con esta presentación. Primero, analizar brevemente este proceso de conflictividades en el campo público, para levantar algunas "señales de advertencia" sobre el después. Y segundo, esbozar algunos principios teológicos que nos sirvan para ubicarnos como creyentes en este contexto.

¿Qué reflejan los conflictos contemporáneos?

Para preguntarnos por el después, tenemos que levantar algunos interrogantes sobre lo que vivimos hoy. Por ello, ¿qué lectura podemos hacer de lo que está sucediendo? Más bien, ¿qué evidencian estos movimientos? ¿Qué nos enseña el contexto de estos conflictos para realizar una mejor lectura de aquello ante lo que nos estamos levantando? Permítanme esbozarlo en los siguientes puntos:

1. Los sistemas hegemónicos no son absolutos sino que contienen innumerables fisuras. Figuras como capitalismo, globalización, neoliberalismo, se suelen presentar como monstruos que fagocitan las conciencias. Aunque no niego su gran poder e influencia, el mismo hecho de que existan resistencias nos indica que ellas no son fuerzas absolutas. Más bien, poseen fisuras, pliegues. Un sistema nunca anula la creatividad, el lugar, la relectura, que realiza un sujeto. Este elemento es esencial, por un lado, para comprender las "microfísicas del poder" (Foucault) y el estatus real de lo que nos estamos enfrentando. Como dice Ernesto Laclau: lo falso de las ideologías no reside en la "alienación de las conciencias" sino en presentarse a sí mismas como absolutas, cuando en realidad no lo son. Pero por otro lado, también sirve para visualizar y promover nuevas dinámicas de resistencia y subversión.

2. Existe una reapropiación de los elementos que utilizan los órdenes institucionales vigentes para lograr una "contaminación interna" de los sistemas hegemónicos. La estética, el arte, los medios de comunicación, las redes sociales, los modelos económicos alternativos de mercado, etc., son espacios que, más allá de ser parte de entramados más amplios –tales como la globalización, el libre mercado, los Estados nacionales– y que son utilizados por éstos para imponer formas de pensamiento, cosmovisiones, prácticas sociales, etc., también son espacios para subvertir y contrarrestar tales imposiciones.

Sirven a la deconstrucción de aquellos elementos que fundamentan las ideologías y los sistemas que intentan mostrarse absolutos. En otras palabras, los sujetos y las comunidades se reapropian de los instrumentos de los sistemas para usarlos en contra de su hegemonía.

3. Los modos de resistencia y subversión son heterogéneos. Esto tiene relación con ese *después* por el que nos preguntamos al inicio. Muchas veces tendemos a pensar que debemos organizar estos movimientos alrededor de ciertos marcos tradicionales, como son partidos, formas de Estado nacional, Fundaciones, etc. Pero estos marcos, aunque pertinentes, presentan limitaciones en torno a las dinámicas reales del poder como también a las posibilidades de subversión. Los cuerpos, lo simbólico, la educación, el arte, las prácticas económicas, los movimientos sociales, son caminos de subversión; más aún, son instancias anteriores a cualquier tipo de institucionalización. Estas perspectivas se pierden en visiones maniqueas preponderantes de ciertos espacios políticos progresistas: opresores/oprimidos, poderosos/débiles, centro/periferia, etc. El poder circula subrepticiamente, creando complejos procesos de imposición y resistencia.

·167·

4. Los movimientos emergentes no tienen una institucionalidad única y homogénea sino representan un conjunto muy vasto de expresiones e identidades. Vemos que lo plural se opone a lo que intenta posicionarse como absoluto, total, único. La identidad de los movimientos que están emergiendo no está compuesta por una esencia, una ideología única, sino por diversas formas de pensar, de accionar, de simbolizar la resistencia. Esta pluralidad se presenta como un espacio donde no caben los absolutismos y totalitarismos. Por supuesto que existen "nominaciones", tales como los "Indignados", que sirven como un paragua que evidencia sentidos en común. Pero el estatus identitario de esa nominación se encuentra en constante replanteo y resignificación por lo que provoca el movimiento de la pluralidad de movimientos que la compone.

Aquí, entonces, la primera pregunta directriz en mi planteo: ¿no debemos mantener abierta dicha heterogeneidad, pluralidad y apertura identitaria para cuestionar y resistir cualquier tipo de totalitarismo y absolutización?

La constitución conflictiva de las identidades políticas

La idea de la heterogeneidad interna a las identidades políticas nos lleva a destacar que ellas se crean desde el conflicto. En este sentido, el conflicto no implica algo negativo, desde el sentido de confrontación o antagonismo, sino con el proceso de cambio constante de toda identidad. El conflicto es necesario para mantener en proceso de cambio constante las segmentaciones sociales, los movimientos y el mismo ejercicio de la política. La filósofa Chantal Mouffe afirma que debemos pasar de una lógica antagónica –la confrontación de enemigos– a una visión agonística de la política, donde el conflicto forme parte de la reconstitución constante del ejercicio político y de sus sujetos.

Desde esta comprensión, me gustaría resaltar tres elementos:

1. Hay que diferenciar la política de lo político. Esta diferenciación la hacen diversos autores/as, entre ellos Ernesto Laclau y Chanctal Mouffe. Jacques Ranciere lo hace desde los términos política y policía. Lo político refiere al proceso constante de respuesta a las demandas sociales. De dicho proceso surge la política, como el conjunto de instituciones o instancias gubernamentales que intentan responder a tales demandas. Pero la política se subsume a lo político; o sea, las instituciones, leyes, políticas estatales, en tanto concreciones históricas específicas, están inscriptas en un proceso mayor de redefinición constante de lo identitario.

2. Entender lo político como construcción identitaria. Esto último nos lleva a que lo político no se restringe a prácticas institucionales sino a búsquedas de sentido, de lugares, de identificaciones, junto a toda una serie de elementos particulares: construcciones discursivas, institucionales, simbólicas, socia-

les, etc. Esto cuestiona las nociones tradicionales de política, como Estado, partido, inclusive ciudadanía (la cual debe salir del marco de "lo nacional" para abarcar una comprensión más amplia de las dinámicas socio-culturales), abriendo el ejercicio de lo político hacia una perspectiva dinámica y pluralizadora.

3. Lo político implica, entonces, la pluralización de identidades. Al hablar de identidad, hablamos de pluralidad. No existe una identidad y, como dijimos anteriormente, ni siquiera ella misma es algo homogéneo dentro de sí misma. Por ello, lo político tiene que ver con esa instancia intrínseca tanto de los sujetos como de las comunidades sociales de construir su sentido de existencia y responder, en distintas direcciones, a sus demandas (económicas, sociales, culturales, discursivas, etc.)

Aquí uno de los elementos para pensar en el *después* de estos procesos que estamos viviendo, que representa mi segunda pregunta directriz: ¿dejaremos que los conflictos sociales sean solo "reacciones" coyunturales o podremos hacer una resignificación más amplia de lo político, donde asumamos el conflicto o la agonía de la búsqueda, para comprender dicha instancia como un proceso abierto que impida la constitución de totalitarismos, de instituciones políticas cerradas o de ideologías homogeneizantes?

La constitución agonística de la fe

Desde esta ampliación del concepto de lo político, me animo a decir que la fe es también un marco de búsqueda de sentido y las comunidades eclesiales son espacios identitarios plurales que fomentan un proceso de reconstrucción ciudadana. Más aún, esta manera de comprender lo político nos lleva a replantear la relación entre fe, religión y política: en lugar de intentar hacer una "adaptación" teológica de ciertas experiencias políticas, debemos comprender que la especificidad propia de lo religioso y la teología, en tanto construcción identitaria, tiene de por sí una implicancia política.

Aquí dos puntos de partida:

- Las comunidades religiosas son espacios de creación de sentido identitario que repercuten en el lugar y participación sociales y políticos de los y las creyentes.

- La teología crea representaciones, símbolos y discursos que tienen directa relación con la dinámica política de los creyentes.

Me gustaría proponer una serie de ideas teológicas que nos permitan afianzar esta comprensión agonística de lo político desde la especificidad de lo religioso y lo teológico:

1. *Reconocer la tensión entre fe e ideologías.* Aquí remito al teólogo uruguayo Juan Luis Segundo, quien define la fe como búsqueda de sentido en el mundo, desde la cual emergen lugares como instancias de historización de esa búsqueda, los cuales denomina ideologías. Por eso afirma que la fe sin ideologías está muerta; pero también que la fe muere cuando las ideologías se fosilizan. En otras palabras, la fe no tiene que ver con caminos fijos sino con búsquedas que hacen pie transitoriamente en ciertos lugares. Pero estos lugares están sumidos a la fe comprendida como un proceso de búsqueda constante. Dichos lugares no son instituciones o dogmas cerrados sino espacios de existencia que nos atraviesan como sujetos y que promueven la creación de lo comunitario. En resumen, la fe representa una búsqueda constante de construcción de nuestra identidad como lugar en el mundo, que cuestiona todo lugar dado o absolutizado. Es aquí que la fe es intrínsecamente política.

2. *Mantener la trascendencia de lo teológico y la alteridad de lo divino.* Toda definición de historia dentro de la religión se basa en un concepto de economía divina. De aquí que nuestro concepto de Dios definirá nuestra idea de la historia, y por ende nuestro lugar y práctica en ella. En la teología han existido dos extremos en la bizantina discusión en torno a la trascendencia e inmanencia de Dios con respecto a la historia: un concepto trascendentalista de Dios (que tiene dos efectos: denegar cualquier influencia de lo divino en la historia o trascendentalizar

una ideología, una estructura, etc.) o inmanentizar la acción de Dios a un modelo concreto, que por más liberador o progresista que pueda ser, sigue siendo un determinismo que, cuando se fosiliza, termina respondiendo a la misma dinámica a la que reacciona. Por eso, debemos mantener la apertura de la historia desde la apertura misma de la persona y acción divina. Ignacio Ellacuría dijo: "la trascendencia de Dios no es un más allá sino un siempre más de la historia". Resignificar la historia desde la trascendencia inscripta en ella conlleva a comprenderla como un espacio abierto, creadora de opciones, de identidades. En este sentido, la fe como búsqueda constante de nuestra identidad se desarrolla en una historia abierta a la pluralidad que emerge desde la acción constante de Dios, que se manifiesta desde particularidades concretas pero que las trasciende constantemente.

3. *Fomentar la dimensión simbólica de la teología*. Esto implica comprender el ejercicio teológico como aquello que forma parte de nuestra cotidianeidad y no como una instancia exclusiva de unos pocos/as. La teología tiene que ver con la creación de representaciones, discursos, símbolos e inclusive prácticas estéticas, que parten del transitar del creyente en su vida cotidiana, quien se enfrenta a diversos contextos, desafíos y demandas. Fomentar la dimensión simbólica de la teología –en contraposición a una visión reduccionista o dogmática– significa resaltar el lugar creativo de los sujetos, de sus experiencias, de sus propios relatos, creando una conciencia crítica frente a toda práctica o discurso totalitario. En un contexto sesgado por la fagocitación de los procesos de expresión –o sea, del movimiento de lo político–, la pluralización del ejercicio teológico tiene un gran impacto en la promoción del lugar de los sujetos.

4. *Promover la pluralidad en el seno de las comunidades eclesiales*. Las iglesias son espacios de socialización que tienen una fuerte influencia en la manera en que los y las creyentes crean sus vínculos con el entorno. De aquí que los modelos eclesiológicos deben repensarse desde una visión política: o sea, en cómo estos crean discursos, dinámicas sociales, tipos de vínculos, etc. El fuerte crecimiento de modelos eclesiales empresariales en el contexto de la profundización del modelo

neoliberal en los '90 no es ninguna coincidencia. Por ello, desde la perspectiva que estamos proponiendo, es políticamente saludable la creación de un espacio heterogéneo y plural dentro de las comunidades religiosas, impreso en dinámicas agonísticas que fomenten una socialización inclusiva y prácticas democráticas radicales.

Conclusión

La promoción de una visión política que promueva la pluralidad y los procesos agonísticos o conflictivos abrirá un espacio de constante renegociación de los marcos gubernamentales, la creación de diversas prácticas ciudadanas y la revisión constante de las instituciones, las leyes y los discursos dentro de la arena pública. Fomentar esta pluralidad amplía, por un lado, el ejercicio de lo político hacia diversas comprensiones que se relacionan con las experiencias más particulares de los vínculos sociales dentro de la compleja sociedad globalizada, y por otro lado, abre los tipos institucionales de la práctica política más allá de los marcos tradicionales (Estado, partidos, etc.) De aquí que los conflictos sociales deben servirnos a una relectura de nuestras propias identidades políticas: ellos no son simplemente una "reacción" como respuesta a una demanda específica sino una evidencia de que las construcciones políticas son heterogéneas y que los totalitarismos poseen fisuras.

En este escenario, las comunidades religiosas representan identidades políticas en el sentido de ser parte de este espacio público heterogéneo en constante "constitución conflictiva". Y dicha dinámica también imprime al mismo ser de estas comunidades, hecho por el cual posee todos los recursos para promover una visión abierta del ejercicio de la ciudadanía, a través de prácticas discursivas, institucionales, rituales y teológicas más abiertas. De aquí que términos como comunidad, inclusión, fe, espiritualidad, sacerdocio de todos los creyentes, gracia, libertad, son principios teológicos intrínsecamente políticos.

IGLESIAS SINTOMÁTICAS:
FE, IDEOLOGÍA Y LA AMENAZA DE LO REPRIMIDO

Algunas lecturas críticas con respecto a ciertos funcionamientos, dinámicas y discursos dentro de las iglesias cristianas tienden a hablar de sus miembros como simples esclavos de alguna ideología que obnubila sus conciencias o de líderes que "utilizan" discursos teológicos para interés propio, entre otras lecturas que considero reduccionistas. Las defino de esta manera por el hecho de que –más allá de que en muchísimos casos se manifieste así– dichos análisis no consideran otras posibles lecturas que, lejos de ser permisivas, dan cuenta de que ciertas situaciones, experiencias, discursos o modos de institucionalidad poseen un nivel de arraigamiento mucho más profundo de lo que una simple acción de manipulación o la comprensión de la comunidad como un redil instintivo afirman.

La misma crítica se han hecho ya muchos cientistas sociales y filósofos en torno a la propia noción de ideología y su manifestación social, término que refiere a una dinámica ciertamente más compleja de lo que por entonces Marx afirmaba sobre la "falsa conciencia" implantada por una clase sobre otra. Ideología, más bien, no es una ilusión sobre la realidad inscripta en la mente, sino la creencia de que la realidad que afirmamos y vivimos es única y verdadera. Es decir que la falsedad no es sólo una fantasía mental sino un modo de vida asumido, estructurado y cotidiano. Como dice Slavoj Žižek, "La máscara no encubre simplemente el estado real de las cosas; la distorsión ideológica está inscrita en su esencia misma".[1]

En otras palabras, las ideologías no son imágenes colocadas discursivamente a modo de delirio en los sujetos, sino que involucran prácticas concretas que se traducen en relaciones, instituciones, símbolos, rituales, que se transforman en modos de

---

1 Slavoj Žižek. *El sublime objeto de la ideología*. Buenos Aires: Siglo XXI, 2005, p.56.

vida. Como resume Ernesto Laclau, lo ideológico es "la creencia en que hay un ordenamiento social particular que aportará el cierre y la transparencia de la comunidad".[2] Es decir, lo falso no reside en un pensamiento, utopía o cosmovisión instaladas en la consciencia, sino en que las prácticas sociales cotidianas, tal como se presentan, son eternas e incuestionables.

Aquí emerge otro elemento que ha influido en esta relectura de lo ideológico –y que responde al aporte del psicoanálisis a las ciencias sociales y la filosofía política– como es el concepto de síntoma. Básicamente, el síntoma refiere, por un lado, a los indicios del retorno de lo reprimido, es decir, a la manifestación en nuestra realidad (que Lacan define como lo simbólico, es decir, las acciones, discursos, rituales, etc., que intentan dar sentido y encauzar nuestras prácticas personales y sociales) de situaciones y experiencias que en realidad hablan de algo "más atrás" o "más allá", que se deposita en el fondo, escondido subconscientemente pero siempre amenazando con salir. De aquí emerge el Súper Yo como el conjunto de Leyes y normativas (familiares, sociales, culturales, políticas, religiosas, etc.) que intentan enmarcar la existencia, para que los "traumas" –sucesos inmanejables que se depositan en el inconsciente– no salgan a flote para perturbar el orden (es decir, nuestro orden).

Por otro lado, los síntomas también nacen para enfrentar la disputa que se origina entre la plenitud y el vacío que enmarcan nuestra vida. Dice Lacan en el Seminario VII: "Es justamente el vacío que crea, introduciendo así la perspectiva misma de llenarlo. Lo vacío y lo pleno son introducidos por el vaso en un mundo que, por sí mismo, no conoce nada igual. A partir de este significante modelado que es el vaso, lo vacío y lo pleno entran como tales en el mundo... si el vaso puede estar lleno, es en tano que primero, en su esencia, está vacío".[3] La vida siempre se va jugando entre lo traumático que es llenar los vacíos que provoca el sinsentido inevitable de la existencia, a través de la construcción de un mundo simbólico –es decir, de acciones, lenguajes, ideas, leyes, modos de relacionarse, puniciones, premios, etc.– para ponerle cierto orden al caos que nos invade. Pero la batalla entre el vacío y la plenitud sigue viva y nunca se acaba en el orden que nos contiene.

·174·

---

2 Ernesto Laclau. *Misticismo, retórica y política*. Buenos Aires: FCE, 2000, p.21.

3 Jacques Lacan, Seminario 7. La ética del psicoanálisis. Buenos Aires: Paidos, 2007.

La Ley irrumpe como una manera de lidiar con el desorden que se manifiesta a nuestro alrededor, para que el modo en que vivimos sea percibido pleno y universal, y así se excluya todo lo que lo amenace y señale que en realidad, "más allá", hay algo que pone en riesgo su estabilidad o simplemente indica que lo que pensamos clausurado y único, en realidad no lo es. Como afirma el psicoanálisis, la Ley no se sostiene solamente por representar una supuesta Verdad irrefutable sino más bien se responde a ella instintiva y automáticamente porque creemos que seguirla envuelve seguridad. Es decir que obedecerla no siempre constituye un acto racional de convencimiento sino algo mucho más pragmático que responde a nuestra necesidad de estabilidad.

Teniendo esto en mente, la ideología muchas veces actúa como un modo de sublimar los conflictos que producen estas dinámicas tan presentes en la vida. Lidiar con el vacío, con lo diferente que amenaza nuestro orden o, peor aún, con aquello que preferimos mantener reprimido por temor a que salga a la luz y cuestione lo normativizado, es algo que conlleva conflictos existenciales insoportables. Por ello, la necesidad del orden, de la estructura, de lo institucionalizado, como marcos para su contención. Y muchas veces, al costo que sea. De aquí que "La función de la ideología no es ofrecernos un punto de fuga de nuestra realidad, sino ofrecernos la realidad social misma como una huida de algún núcleo traumático, real".[4]

Volviendo al inicio, creo que estos elementos brevemente descritos nos permiten complejizar algunas lecturas críticas sobre lo que sucede en muchas iglesias. Las ideologías –la mayoría de las veces construidas con un ropaje bíblico-teológico– distan de ser sólo discursos que son asumidos racional o conscientemente desde una lógica de falsedad, sino, más bien -partiendo de los dos elementos tratados hasta aquí- son instancias que están, por un lado, inscriptas en las prácticas de la vida cotidiana de los creyentes desde un sentido de necesidad y, por otro lado, responden a la negación de nudos traumáticos tanto de las propias iglesias como de la sociedad y cada individuo, es decir, a la imposibilidad de afrontar situaciones, experiencias e historias –personales y comunitarias– que develan fragilidad, falta de control, desorden; o sea, todo lo que se oponga a lo seguro.

·175·

---

4 Žižek, p.76.

De aquí podríamos tal vez leer con otra mirada la famosa expresión popular: "Si Dios es un Dios de orden..." Los síntomas eclesiales se manifiestan a través de las exclusiones. Son las ideas que se rechazan por no alinearse con los discursos establecidos como verdaderamente bíblicos, son las personas que se encuentran en pecado por no responder a las moralinas establecidas, son las prácticas eclesiales que quedan de lado por no ser funcionales a las estructuras de liderazgo. Muchas veces los síntomas manifiestan elementos que no necesariamente representan lo que Dios niega sino lo que nosotros/as queremos mantener reprimido.

Estos aportes tal vez nos ayuden a profundizar la crítica a los mecanismos ideológicos dentro de las iglesias, a partir de estos elementos:

1. *Necesitamos complejizar los modos en que se produce o circulan ideologías en las iglesias.* Como afirmamos, la ideología no es sólo un tipo de discurso teológico falso que se impone, sino creer falsamente que los modos de ser y hacer dentro de la iglesia son universales. Esto significa que nuestras críticas –y por ende las propuestas de cambio- deben estar focalizadas en la deconstrucción y transformación de prácticas cotidianas, dinámicas litúrgicas, modos de relacionamiento comunitario, estructuras de liderazgo, entre otros aspectos mucho más elementales, y no sólo discursos religiosos o la acción del liderazgo. Esto implica, además, que un discurso teológico que puede parecer inclusivo o abierto, no necesariamente se traduce en liturgias, relaciones y modos sanos de ser iglesia. En ese sentido, la falsedad ideológica se manifiesta de todas maneras, más allá de la existencia de un discurso que afirma lo contrario a lo que se hace (es más, podríamos decir en este caso que la posición teológica actúa como síntoma de un modo de ser iglesia, al esconder disputas ideológicas desde un posicionamiento discursivo supuestamente contrario)

2. *Necesitamos complejizar los modos de identificación*

ideológica de los y las creyentes. Esta lectura también sugiere no ser reduccionistas al ver a los miembros de iglesias como simples ovejas inconscientes y dóciles que asumen prácticas simplemente porque están cegadas o por imposición de un líder. Las ideologías actúan como modos de vida naturalizados y también como respuestas de los sujetos a un complejo y vasto conjunto de elementos existenciales, que pueden relacionarse con su historia personal, su situación vital, sus deseos, su personalidad, entre muchísimos otros elementos. De aquí que la crítica ideológica debe tener en cuenta la dimensión más bien cotidiana de ciertos comportamientos, y no sólo instancias coercitivas. De aquí la importancia de un cuestionamiento que no sólo confronte discursos o prácticas jerárquicas de liderazgo, sino que proponga otros modos de relacionamiento, de estructuras institucionales, etc.

3. *Proponer una espiritualidad que responda a los nudos traumáticos de la realidad.* No existe la plenitud; el vacío de la existencia seguirá amenazando todo intento de sutura. No existe el completo orden; siempre habrá desorden. No existe la estabilidad completa; siempre habrá crisis. Debemos arriar con ello en la vida misma como en la fe y en la iglesia. No existe una manera clausurada de ver a Dios, no existe una teología perfecta, no existe un solo modo de acercarse a lo divino, no hay una iglesia única. Las diferencias, los riesgos, las contingencias, representan elementos imposibles de soportar desde un concepto de Dios Absoluto, desde un modo único de ser iglesia, desde una liturgia insensible a la corporalidad, etc. Hete aquí el mejor campo para las ideologías opresoras como modo de aplacar cualquier conflicto o síntoma. Peor aún: es la mejor oportunidad para sacrificar a aquellos/as que emergen como un cuestionamiento al orden. No son personas; son objetos que amenazan la estabilidad, lo universalizado. De aquí la crueldad de la ideología eclesial: el sacrificio de víctimas que actúan como chivos expiatorios de los síntomas que ponen de manifiesto lo intolerable. El "problema" reside en que la estabilidad nunca ocurre ni ocurrirá (y en este año que

recordamos los 500 años de la Reforma deberíamos pensar más en ello): las tensiones persistirán, en la vida, en la teología, en la fe. Es más: sin tensión no hay vida, humanidad, teología, eclesialidad. La falta de capacidad en su manejo provoca niveles indignantes de deserción y exclusión dentro de nuestras iglesias. Son mecanismos de castigo por la incapacidad que tenemos de soportar al otro y a lo diferente, no solo presente "externamente", "más allá", "afuera", sino principalmente en nosotros/as mismos/as, que nos vemos reflejados en esos "síntomas" que movilizan y desafían nuestras estructuras, nuestra seguridad, nuestra estabilidad.

Las ideologías eclesiales están causando cada vez más daño dentro de sociedades cada vez más conflictuadas por no saber contender lo más básico: su inherente pluralidad, su carencia de estabilidad, su proceso constante. En lugar de ser comunidades de testimonio, las iglesias se transforman en ejércitos de un falso orden que excluye lo insoportablemente más Real de la existencia: lo plural, lo diverso, lo distinto, la alteridad, todos ellos síntomas de lo reprimido. Aprendamos a promover una espiritualidad realmente humana (y cósmica) que nos redima a nosotros/as mismos/as de la incapacidad que tenemos de alcanzar un orden perfecto, para aprender a lidiar con la imperfección, el error, el conflicto, la diferencia, el desacuerdo, lo no normativo.

FE, POLÍTICA Y DEMOCRACIA EN TIEMPOS DE POSVERDAD

"Cuando la mentira es la verdad"

Vivimos en tiempos donde la política a nivel global está siendo atravesada por dos fenómenos: el absurdo y el desconcierto. El absurdo tiene que ver con un conjunto de visiones sociales y maneras de ver la realidad, que nunca hubiéramos imaginado que podría tener lugar en el campo de la representatividad política. Podemos pensar Donald Trump como presidente de los EEUU y su discurso xenófobo, homofóbico y misógino entendidos casi como política pública; los más de noventa nuevos legisladores en el congreso alemán provenientes de un partido neo nazi; la utilización de "mecanismos legales" para legitimar golpes de Estado (como los casos de Brasil, Paraguay, entre otros); la creciente visibilización de apologías a favor de las intervenciones militares, especialmente en el Cono Sur; la costumbre de escuchar discursos xenófobos y homofóbicos contra extranjeros, comunidades negras, colectivos LGBTIQ, etc.

Pero también vivimos en tiempos de desconcierto, donde nos topamos no sólo con tipos de discursos absurdos dentro del campo de la representatividad e institucionalidad política, sino con efectos sociales –tal vez originados por los absurdos fenómenos dentro de la clase política- con un amplio impacto. Es aquí donde podemos ver distintos actores, hasta ahora con poca relevancia, que están tomando cada vez mayor relevancia. Más ejemplos que podemos mencionar son la victoria del NO en la primera consulta popular en Colombia sobre el proceso de paz, en gran medida resultado de la relevancia de actores religiosos que vincularon el documento base con la llamada ideología de género; los bloqueos que produce el "partido judicial" sobre los procesos políticos, tal como está sucediendo en Brasil; o el desembarco de gobiernos de derecha neoliberales después de quince años de modelos que se decían progresistas.

Estas particulares dinámicas son las que se entienden bajo el título de *posverdad*. ¿Qué significa esa expresión? Que la "verdad" ya no se vincula con un proceso de búsqueda de lo que se entendía como "objetivo", con sus mecanismos de verificación y comprobación. Tampoco con "imponer" una verdad a través de los medios de comunicación. Más allá de la realidad de estos procesos mencionados, *posverdad* refiere a que hoy día la apelación a la "verdad" tiene que ver con la reclamación de un elemento que encuentra suficiente legitimación por el simple hecho de estar presente de manera extendida en un sector social determinado. No importa lo que sea, ni que implique elementos éticamente delicados. Lo que interesa es que una mayoría así lo crea, más allá de sus argumentaciones. Si esa problemática está sostenida por un conjunto extendido de individuos, ya tiene suficiente base de reconocimiento para atenderlo como una *verdad socio-política*.

Veamos algunos ejemplos. Si existe el temor instalado de que la inmigración es la causante de inseguridades y peligros sociales, entonces hay que construir una barrera contra el extranjero y aplicar políticas duras en contra de la migración. También, si se piensa que los modelos de familia tradicional son el pivote del desarrollo social, y las nuevas perspectivas de género son una amenaza, entonces se construirá la falacia de la llamada "ideología de género", y todos los políticos/as que quieran legitimarse desde ese lugar, usarán sin restricción ni cuidado dicho término, más allá de su falacia.

No importa que todo esto apele al miedo, a los prejuicios racistas y clasistas. Si estos temores se encuentran lo suficientemente ubicados en un sector social vasto, entonces los actores políticos en cuestión lo tomarán como eje central de su ejercicio y difundirán, de las formas más absurdas, los mayores estigmas contra los y las "enemigos" correspondientes. Es decir, las propuestas políticas no pasarán por sensibilizar sobre los prejuicios que evocan esos miedos, sino más bien lo utilizarán para intereses personales o partidarios, donde se construyen prácticas focalizadas en el "chivo emisario", y no en la concientización sobre lo que está detrás. Mejor construir jaulas para niños/as en las fronteras, antes de una política pública de inclusión.

La pregunta es: ¿de dónde surgen estas dinámicas? Lo primero que suele surgir son las teorías de la conspiración.

Es decir, que todo esto es impuesto por fuerzas hegemónicas que influyen en las conciencias, sea a través de los medios de comunicación, las instituciones políticas, etc. Pero si hilamos fino, la realidad nos muestra un panorama más complejo. Lo vemos, por ejemplo, en el reciente caso que se destapó con *Analytica*, el *think tank* británico que usó datos de Facebook con el objetivo de recopilar información y aportar directrices para el armado de campañas políticas, dentro de ellas la del grupo de asesores de Donald Trump. ¿Qué hicieron? Investigaron más de 80 millones de perfiles en redes sociales para sacar datos que evidencien las necesidades, reclamos y temores de la gente. Por ello, Trump desplegó una campaña a partir de un conjunto de discursos políticamente incorrectos, y todo el mundo pensaba que se estaba cavando la tumba. Por el contrario, a pesar de las críticas recibidas desde todos los flancos, incluyendo el propio partido republicano, Trump prosiguió con sus discursos ya que estaba seguro, con los datos recibidos, que estaba apelando a un conjunto muy extenso de personas, en sectores poco relevante para los espacios de recopilación estadística y la clase política estadounidense.

En otros términos, estas dinámicas políticas basadas en la posverdad parten de los imaginarios ya presentes en los mismos individuos y las sociedades en general. No son ideas impuestas ni construcciones maquiavélicas de algún poder imperial omnímodo. A lo sumo, es la utilización por parte de estos poderes de muchos temores, prejuicios, inseguridades, que ya están presentes entre la gente. Esta advertencia es importante, ya que algunas lecturas críticas quedan en análisis estructurales que apuntan las cargas hacia "los enemigos de siempre", y así se evita reconocer que el problema está mucho más cerca de lo que pensamos. Por ello, gran parte de lo que está sucediendo hoy no tiene tanto que ver con el poder de algunos agentes universales. Es una lectura reduccionista de la realidad, dejando que ciertos romanticismos y generalizaciones consideren de ingenuos muchos elementos que son determinantes para lo que está sucediendo en la sociedad contemporánea.

¿Por qué, entonces, se dan estos procesos? Enumeremos algunos elementos:

- *Primero, existe una hiper-individualización de la sub-*
  jetividad. Las dinámicas consumistas, el exitismo com-
  petitivo y los discursos meritocráticos propios del neoliberalismo capitalista han llevado, paradójicamente, a
  que las acciones de los sujetos estén más atravesados
  por los condicionamientos y los temores, que por una
  agencia o acción libre –tal como tanto predican estas
  cosmovisiones-, responsable y comprometida con el
  colectivo. De esta manera, la "política del miedo" no
  sólo sirve a las dinámicas de subyugación por parte
  de los poderes centrales, sino también representa un
  campo de diferenciación donde hay que anular al otro,
  a lo diferente, por ser una amenaza a la seguridad y el
  estatus propios.

- *Segundo, asistimos a una crisis en los modos de re-*
  presentación política. La apatía política es algo instalado desde hace décadas en nuestras sociedades latinoamericanas, pero en cada "ciclo" político regional
  profundiza o transforma estas instancias. Asistimos
  a un creciente descreimiento de los modelos políticos
  tradicionales, que hacen que las personas busquen su
  representatividad en otros discursos "menos politiza-
  dos". Aquí una de las razones de la emergencia de muchos gobiernos neoliberales, que se presentan como
  des-ideologizados.

- *Tercero, carecemos de discursos y modelos políticos*
  que partan de un abordaje equilibrado entre el lugar de
  los sujetos y la influencia de las estructuras sociales.
  Podríamos decir lo siguiente: muchos discursos políticos
  ven como secundario dar cuenta de la complejidad de
  los sujetos, de sus afectos, de sus contradicciones, de
  sus modos de construir vida cotidiana, porque creen
  que esas dimensiones distan de ser "políticas", en el
  sentido formal de término. De esta manera, inclusive
  los marcos ideológicos más progresistas y críticos no
  han podido alcanzar a las bases, realizar lecturas más
  profundas sobre el contexto de los sujetos y construir
  marcos de empoderamiento subjetivo, optando por

fortalecer estructuras de administración y gestión en nombre del "progreso", antes que erigir espacios de diálogo crítico, encuentro y fortalecimiento mutuo, que invite a visibilizar y empoderar la pluralidad de identidades y las heterogéneas maneras de construir comunidad.

- *Cuarto, hay temor a la diferencia y la alteridad.* Una de las mayores razones que dan lugar a un contexto de posverdad no es sólo la enarbolación del individuo, sino es el resultado de una incapacidad de vivir en una sociedad atravesada por la pluralidad, la diferencia, los procesos cambiantes que producen incertidumbre, lo cual se ve reflejado en el crecimiento de la xenofobia, la tendencia a la atomización social, el cuestionamiento a todo proyecto de ley que implique deconstruir nuestros imaginarios e instituciones tradicionales.

El dios-ídolo-fetiche

Las religiones, especialmente ciertas comunidades cristianas, y más concretamente evangélicas, han aportado a este contexto. Primero, planteando una teología que se funda en un Dios intolerante a la diversidad y la pluralidad. Es un "Dios obvio", como dice Hugo Assman, que se presenta desde una sola imagen, sin fisuras, desde una visión patriarcal del todo-poderoso que erige una escala moral para todo el mundo. Este dios no es más que un ídolo hecho a medida y semejanza de los mayores egoísmos humanos. Un dios-ídolo que representa la posibilidad de ser manipulado, tomado como un fetiche para beneficio propio, y desde allí legitimar una lógica de poder. Este dios-fetiche no es sólo un objeto para la idolatrización de mi propia persona y mis posturas. Es un dios que se revela absoluto, con el propósito de legitimar un terror servil y funcional a las peores maquinaciones del ser humano y su sed de poder.

Aquí, entonces, emerge esa dimensión política del uso de ciertas imágenes de Dios propagadas por muchas iglesias. Por un lado, vemos la lógica de "el fin justifica los medios", donde se construyen articulaciones políticas con sectores, organizaciones y grupos de todo tipo –y toda estirpe-, que sean funcionales, desde sus agendas sociales, a la legitimación y promoción de los "valores" vinculados a este dios-ídolo-fetiche. Por otro lado, muchas iglesias y espacios de comunicación religiosa se transforman en instancias de desinformación. Se habla de complots internacionales que propagan la "ideología de género" o se infunde el temor de que ciertos discursos o posicionamientos pueden ser dañinos para las iglesias, desde un posicionamiento ignorante sobre contextos, posiciones, perspectivas filosóficas o políticas, etc.

Finalmente, el valor protestante de la "libertad cristiana" -idea que Lutero promovió para contraponer la asfixia de las estructuras eclesiales-, en lugar de ser una instancia de apertura para mirar al prójimo y promover el empoderamiento conjunto, se transforma más bien en una hiper-indivudualización de la propia fe, donde la experiencia del creer pasa a ser un gesto de comodidad, defensa y ceguera.

La cruz y la verdad

Volviendo al contexto general, surgen algunas preguntas: ¿cómo superar y deconstruir los contextos de miedo como herramienta de dominación? ¿Cómo pensar y articular los valores de la diversidad, la pluralidad, la diferencia, la aceptación del otro/a, de la alteridad, como parte de nuestros procesos de democratización y ambiente político? ¿Cómo trabajar con estos imaginarios, prejuicios y temores presentes en la ciudadanía, en los intercambios de la vida cotidiana, que luego terminan determinando y bloqueando procesos políticos más amplios, y que son utilizado por las fuerzas hegemónicas?

Desde la fe tenemos un doble desafío para enfrentar estos procesos: uno teológico y otro político. Con respecto al teológico, *necesitamos nuevos acercamientos a la manera en que vemos a Dios*. El problema no es tanto qué discurso específico tenemos sobre Dios, sino la manera en que concebimos su revelación y los procesos hermenéuticos que entran en juego. En este sentido, podemos tener un discurso teológico que apele al compromiso, a la liberación, a la apertura; pero si sostenemos que la revelación de Dios se da a través de imágenes incuestionables, sin ser capaces de entender los intereses, los elementos subjetivos y los procesos contextuales que forman parte de este fenómeno, entonces estamos sosteniendo a un dios fundamentalista, pero con un discurso progresista. En otras palabras, necesitamos más humildad teológica para comprender que Dios nunca es un objeto de posesión de nadie, sino que es siempre-otro, siempre misterio, y que su manifestación histórica se inscribe en una polifonía de voces, que nunca podrán clausurar su manifestación.

El desafío político de la fe tiene que ver con la promoción de una espiritualidad que sirva, en palabras de Jon Sobrino, a la "honradez con la realidad". Es decir, una espiritualidad que se atreva a adentrarse en la complejidad de la existencia, con sus contradicciones, sus hipocresías, sus injusticias, no con el objetivo de imponer agendas, de bajar conceptos acabados de Dios, sino con la honradez de dejarse interpelar por ella, por sus voces, por sus prejuicios, por sus temores, para deconstruir los miedos instalados como verdades absolutas desde la mirada sensible hacia el prójimo.

·185·

Podríamos plantear un principio teológico central para repensar estos escenarios: *en un contexto donde los egoísmos humanos se asumen como verdad absoluta y los poderes manipulan desde los miedos, la cruz emerge como el espacio donde la verdad de Dios se manifiesta en el vaciamiento de toda condición de absoluto y en la entrega total al prójimo, como una forma de desbaratar, desde el escándalo de la crucifixión, cualquier pretensión de poder hegemónico.*

La cruz, símbolo de muerte y de vida. Muerte que vivifica. Vida que muere para vivir más plenamente. La cruz es contradicción, paradoja. De aquí que ella pierde su poder transformador cuando intentamos encerrar su significado a través de dogmas, teologías, prácticas acabadas. La cruz representa ese hecho que nadie esperaba, que encuentra su verdad en la sorpresa, no en el cumplimiento de lo deseado, al menos de la manera que se lo esperaba. La cruz se resiste a toda explicación dada. Es escándalo.

La cruz significa la muerte de toda particularidad. Como dice Jürgen Moltmann en *El Dios crucificado*, representa la muerte de Dios en tanto Dios y de su humanidad asumida. Gianni Vattimo en *Creer que se cree*, por su parte, entiende la *kenosis*, el auto-vaciamiento que Dios hace de sí mismo, como la verdad salvífica de la cruz. Por eso, ella es la identidad de la no-identidad. Dios se transforma en extraño de sí mismo para mostrar el poder de la debilidad frente a las expectativas absolutas de la religión, de la política y del deseo humano, que pretenden definir a Dios, la Historia, la Sociedad, el Progreso, como entidades acabadas en sí mismas. Es en la muerte de estas pretensiones donde las palabras, los símbolos, las prácticas, las relaciones, las utopías, encuentran su proyección.

La cruz implica que la divinidad no se muestra en la certeza de un ideal sino en la paradoja del abandono y la debilidad. La verdad de la cruz se deposita en ser símbolo deconstructor, que atraviesa las particularidades asumidas -ideológicas, religiosas, políticas- para potenciar su poder en el cuestionamiento de toda pretensión de hegemonía. Aquí la universalidad de la cruz: marcar un camino en nuestras propias historias hacia la apertura de posibilidades de ser en la propia extrañeza de lo que es y de lo que somos.

Vivir como caminantes y seguidores de la cruz significa vivir desde una identidad que se abandona a sí misma para vivir en el poder inacabable de la vida en todas sus posibilidades. Por eso, la muerte es el fin de lo dado hacia la afirmación de lo nuevo. En la cruz, el cristianismo muestra la paradoja de asumir la sujeticidad en la extrañeza con uno mismo. Néstor Míguez lo dice en estas palabras:

> La cruz no es simplemente "el lugar de la víctima", como equivocadamente a veces se ha dicho en la teología latinoamericana. Es el lugar donde la víctima reivindica su condición humana, se desvictimiza, resiste la colonización del deseo [...] La experiencia del crucificado es la afirmación de la dignidad humana, del esclavizado que se rebela, que se hace sujeto de libertad aun frente al innegable poder de muerte del Imperio.[1]

En la cruz, entonces, la Verdad muere como absoluto para transformarse en escenario de posibilidades infinitas. En ella,

---

1 Néstor Míguez, "El Imperio y la Cruz". Texto Inédito, pp.9 y 10.

toda particularidad perece, no en su existencia sino en su pretensión de absoluto desde los elementos finitos y subjetivos que la componen. La cruz muestra, entonces, que lo verdadero no es un cúmulo de explicaciones acabadas sino el asumir la debilidad, la paradoja y la contradicción inherentes a cualquier opción, identidad, espiritualidad y religiosidad, no para promover la anulación y el estancamiento de cualquier esfuerzo que se proyecte en una verdad, sino para construir una fe que potencie posibilidades, símbolos y acciones.

En resumen, una teología de la cruz desmonta los principios éticos y religiosos que están detrás de una política de la posverdad. Primero, *la cruz pone de manifiesto que Dios no es ningún objeto de fetiche*. No responde a un discurso acabado que puede ser apropiado por los poderes. Al contrario, en la cruz mueren todas las presunciones del Imperio por controlar las verdades de la sociedad, como puede ser la muerte como una amonestación o consecuencia por predicar y sostener ciertos ideales.

Segundo, *en la cruz la verdad se entiende como una apertura desde el auto-vaciamiento epistémico que nos permite conocer y adentrarnos a lo nuevo, y no en la enarbolación de una visión fetichizada*. En la cruz, lo divino se manifiesta como constante auto-vaciamiento, es decir, como abandono de toda pretensión universal, para manifestarse desde la paradoja, es decir, desde los discursos y lugares que los poderes hegemónicos entienden excluidos, y desde allí entenderlos como espacios revelatorios. Esto es llamar lo excluido como instancia donde Dios se manifiesta.

Tercero, *en la cruz la verdad deja de ser un conjunto de preceptos morales impuestos –sea por las autoridades religiosas como políticas–, para ser una sensibilidad ética de apertura al mundo, de la misma manera que Dios se encarna y asume la condición humana (Fil.2)* Esto desafía las pretensiones racionalistas y pragmáticas tan propias de la lógica colonial que aún impera en la teología cristiana. La verdad, desde la cruz, tiene que ver con los cuerpos, las pieles, las sensaciones, los afectos, las relaciones; no con preceptos.

Cuarto, *en la cruz, la verdad de la sensibilidad ética ve al otro, a lo diferente, a lo diverso, sin temor o miedo, más aún, a aquellos otros/as que son socialmente condenados como esco-*

ria moral, tal como lo eran los/las pobres, los/las campesinos/ as y los/las enfermos/as con quienes Jesús caminaba. En la cruz, hay una intencionalidad de optar por todos aquellos/as que se transforman en chivos emisarios de los poderes.

Quinto y último, *en la cruz la alteridad se transforma en un valor hermenéutico.* Es decir, en la cruz, Dios se manifiesta como el radicalmente-otro, inclusive como lo inadmisible, que desde su condición de alteridad, invita a construir constantemente imágenes de Dios, no como ídolos que nos sirven a la legitimación de nuestro poder, ni para excluir a otros/as, sino como maneras de entender todas las posibles formas en que Dios se revela.

—

Estos elementos comprenden un llamado a las cristianas y los cristianos a aportar con acciones concretas que contribuyan a la construcción de un espacio democrático, entendido como un espacio donde todas las voces sean reconocidas y escuchadas en su particularidad, donde los miedos y prejuicios son enfrentados desde una apertura al otro, y donde se construyen intencionalmente espacios de diálogo.

Por ello, necesitamos trabajar en varios aspectos. Primero, *profundizar en teologías que se desarrollen en clave de sujeto.* Esto ya es un legado de la teología de la liberación, que puso al pobre como sujeto teológico. Pero necesitamos pluralizar dicho elemento hermenéutico, diversificando las miradas en torno a la heterogeneidad de sujetos, donde no hablemos solo de "teologías contextuales", viendo a los sujetos como un elemento más, sino donde sujetos, grupos y espacios o lugares estén siempre vinculados.

Además, *necesitamos enfatizar en una teología que mire a Dios como misterio.* Lo mistagógico de lo divino no tiene que ver con una condición supra-histórica, o con una imposibilidad de enunciarle. Lo que se trata de enfatizar es que ninguna imagen clausura a Dios, y que esa constitución "misteriosa" permite crear diversas imágenes, y con ellas visibilizar discursos, voces y grupos silenciados.

Por último, *necesitamos una denuncia profética que no quede sólo en gritos de acusación sino en procesos educativos desde una sensibilidad pastoral que acompañe a las personas y los grupos a deconstruir sus prejuicios y a superar el temor a partir del encuentro*. Y en este proceso de formación, precisamente lograr instancias de información sobre y acercamiento a aquellos temas resistidos. Es decir, retomar el valor de la concientización desde una perspectiva pastoral.

En conclusión, en tiempos de posverdad, necesitamos una teología y una espiritualidad que luche contra los prejuicios y contra la cultura del miedo, a partir de la visibilización de un Dios cuya persona se caracteriza por una sensibilidad de entrega y por una instancia de revelación desde las fisuras, las sorpresas, los prejuicios y los absurdos de la realidad, como una manera de cuestionar los discursos acabados de las cosmovisiones hegemónicas. *El "horizonte de verdad" de Dios, el cual es siempre abierto y actúa como una invitación de búsqueda constante, desbarata la pretensión de universalidad de las falsas (pos)verdades de los ídolos de nuestra sociedad actual.*

SOBRE EL AUTOR

Nicolás Panotto nació en la ciudad de Santa Fe, Argentina. Pertenece a la iglesia bautista. En 2010 se recibe de Licenciado en Teología por el Instituto Universitario ISEDET en Buenos Aires, con una tesis enfocada en la relación entre filosofía política contemporánea (Alain Badiou y Ernesto Laclau) y el trabajo del teólogo uruguayo Juan Luis Segundo. Su interés por las ciencias sociales lo lleva a realizar un Magister en Antropología Social y Política en la Facultad Latinoamericana de Ciencias Sociales (FLACSO) y el Doctorado en Ciencias Sociales en la misma institución, donde investigó sobre la construcción de identidades políticas a través de discursos y prácticas religiosos, a partir de un trabajo etnográfico en una comunidad pentecostal de la Ciudad de Buenos Aires. Para desarrollar sus estudios ganó una beca del Consejo Nacional de Investigación Científicas y Técnicas (CONICET Argentina).

En 2009 funda el Grupo de Estudios Multidisciplinarios sobre Religión e Incidencia Pública (GEMRIP), espacio dedicado a la investigación en temas de religión, política, ciencias de la religión y teología pública, así como al trabajo con organizaciones de sociedad civil en la formación y articulación de diversos esfuerzos de incidencia pública desde una cosmovisión religiosa. También coordinó la consultora Servicios Pedagógicos y Teológicos (SPT) entre 2014 y 2017, cuyo objetivo era asesorar pedagógica e institucionalmente a centros de formación teológica en el continente latinoamericano. Actualmente es integrante del Consejo Directivo de la Fraternidad Teológica Latinoamericana (FTL) y se desempeña como profesor de la Comunidad Teológica Evangélica de Chile.

Es autor de *Hacia una teología del sujeto político* (UNA, 2013) *Teología y espacio público* (GEMRIP, 2015), *De juegos que hablan de Dios. Hacia una teología latinoamericana desde la niñez* (SBU, 2016), *Religión, política y poscolonialidad en América Latina. Hacia una teología posfundacional de lo público* (Miño&Davila, 2016), *Religiones, política y Estado laico* (GEMRIP/REDLAD, 2017) y *Descolonizar el saber teológico latinoamericano* (CETELA, 2018).